【现代农业科技与管理系列】

乡村农产品
认证管理实务

主　　编　　夏业鲍　　孙小强

副 主 编　　袁　艳　　徐支青

编写人员　　夏　岚　　张灵灵　　王华斌　　姚洪章

　　　　　　程玉峰　　郭志忠　　汪　洁　　张兴来

时代出版传媒股份有限公司
安徽科学技术出版社

图书在版编目(CIP)数据

乡村农产品认证管理实务 / 夏业鲍,孙小强主编.
--合肥:安徽科学技术出版社,2023.12
助力乡村振兴出版计划.现代农业科技与管理系列
ISBN 978-7-5337-8642-7

Ⅰ.①乡… Ⅱ.①夏…②孙… Ⅲ.①农产品-产品
质量认证-研究-中国 Ⅳ.①F326.5

中国版本图书馆 CIP 数据核字(2022)第 236880 号

乡村农产品认证管理实务　　　　　　　　　　主编　夏业鲍　孙小强

出 版 人:王筱文　选题策划:丁凌云　蒋贤骏　余登兵　责任编辑:聂媛媛
责任校对:张　枫　　　责任印制:廖小青　　　　　装帧设计:王　艳
出版发行:安徽科学技术出版社　　　　http://www.ahstp.net
(合肥市政务文化新区翡翠路 1118 号出版传媒广场,邮编:230071)
电话:(0551)63533330
印　　　制:安徽联众印刷有限公司　　电话:(0551)65661327
(如发现印装质量问题,影响阅读,请与印刷厂商联系调换)

开本:720×1010　1/16　　　印张:10.25　　　字数:150 千
版次:2023 年 12 月第 1 次印刷　　印次:2023 年 12 月第 1 次印刷

ISBN 978-7-5337-8642-7　　　　　　　　　　定价:39.00 元

出版说明

　　"助力乡村振兴出版计划"(以下简称"本计划")以习近平新时代中国特色社会主义思想为指导,是在全国脱贫攻坚目标任务完成并向全面推进乡村振兴转进的重要历史时刻,由中共安徽省委宣传部主持实施的一项重点出版项目。

　　本计划以服务乡村振兴事业为出版定位,围绕乡村产业振兴、人才振兴、文化振兴、生态振兴和组织振兴展开,由"现代种植业实用技术""现代养殖业实用技术""新型农民职业技能提升""现代农业科技与管理""现代乡村社会治理"五个子系列组成,主要内容涵盖特色养殖业和疾病防控技术、特色种植业及病虫害绿色防控技术、集体经济发展、休闲农业和乡村旅游融合发展、新型农业经营主体培育、农村环境生态化治理、农村基层党建等。选题组织力求满足乡村振兴实务需求,编写内容努力做到通俗易懂。

　　本计划的呈现形式是以图书为主的融媒体出版物。图书的主要读者对象是新型农民、县乡村基层干部、"三农"工作者。为扩大传播面、提高传播效率,与图书出版同步,配套制作了部分精品音视频,在每册图书封底放置二维码,供扫码使用,以适应广大农民朋友的移动阅读需求。

　　本计划的编写和出版,代表了当前农业科研成果转化和普及的新进展,凝聚了乡村社会治理研究者和实务者的集体智慧,在此谨向有关单位和个人致以衷心的感谢!

　　虽然我们始终秉持高水平策划、高质量编写的精品出版理念,但因水平所限仍会有诸多不足和错漏之处,敬请广大读者提出宝贵意见和建议,以便修订再版时改正。

本册编写说明

乡村兴则国家兴。乡村振兴,产业兴旺是基础。乡村是具有自然、社会、经济特征的地域综合体,兼具生产、生活、生态、文化等多重功能,与城镇互促互进、共生共存,共同构成人类活动的主要空间。

民以食为天,食以安为要。农产品加工是乡村产业的重要组成部分,一头连着农业、农村和农民,一头连着工业、城市和市民,是离"三农"最近、与百姓最亲的产业。同时,农产品是食品加工的重要原料,是乡村振兴战略中特色产业发展的重要产品,是全民过上小康生活的重要保障。农产品认证制度在促进和保障农产品安全方面发挥了重要作用,被称为质量管理的"体检证"、市场经济的"信用证"、国际贸易的"通行证"。国际上现行的、广受认可的食品农产品相关认证主要包括绿色产品认证、有机产品认证、良好农业规范(GAP)认证、食品安全管理体系(FSMS)认证、危害分析与关键控制点(HACCP)体系认证等。

悠悠万事,吃饭为大。为了使广大农产品生产经营企业及其他相关方系统了解我国农产品认证的发展现状、认证制度、认证流程、认证依据及认证要求,由安徽农业大学牵头,组织中国检验认证集团安徽有限公司等相关行业专家,统筹协作编写了本书。

农产品认证工作是持续更新的动态的工作,所依据的相关法律法规及认证规则均在不断修订完善,请读者注意使用最新版本。

目 录

第一章 ▶ 食品农产品认证概述

▶ 第一节 我国食品农产品认证制度体系

一 认证制度概述

　　认证认可是国际通行的规范经济、促进发展的重要手段,是企业和组织机构提高管理与服务水平、保证产品质量、提高竞争力的可靠方式,是国家从源头上确保产品质量安全、规范市场行为、指导消费、保护环境、保护人民生命健康,促进对外贸易的战略性选择,在国家经济建设和社会发展中起着日益重要的作用。在市场活动中,买卖双方之间不可避免地存在信息的不对称。一方面,卖方需要将自身产品或服务的质量和优势全面、直观地展现给买方,增加其在市场活动中的竞争力;另一方面,买方也需要从繁复庞杂的市场信息中,准确、快速地甄别出自己所需产品和服务的最优供方,以期降低交易风险、增加效率、降低成本。为此,认证可以同时满足买方和卖方的要求,为二者搭建沟通和信任的桥梁。

　　食品农产品认证的历史可以追溯到1903年,英国对铁路路轨进行认证并授予"风筝"标志,首开国家认证制度的先河。20世纪50年代,美国对军工产品生产企业制定了质量管理体系规范,依据规范开展质量管理体系认证,认证从产品认证拓展到管理体系认证。此后,随着科学技术的发展和各国对外开放程度的提高,流通领域中的国与国之间、地区与

地区之间的贸易变得更加广泛和频繁,第三方认证的桥梁作用更加明显。认证活动在全球范围内得到高度重视,市场主体充分认识到认证是经济发展的自发需要,是经济活动中买方和卖方的共同需求。目前,认证已经成为全球流通市场的重要组成部分,是质量管理的"体检证"、市场经济的"信用证"、国际贸易的"通行证"。

我国为了保障产品质量、促进经济发展,相继制定、发布了一系列的认证制度。2003年,国务院发布《中华人民共和国认证认可条例》(以下简称《认证认可条例》,2020年11月29日第二次修订),成为规范我国境内认证认可活动及境外认证机构在我国境内活动和开展国际互认的行政法规。该条例第一章第二条规定,"认证是指由认证机构证明产品、服务、管理体系符合相关技术规范的强制性要求或者标准的合格评定活动"。通俗地说,认证就是认证机构通过检查、检验、检测等方式,确定特定的产品、服务或管理体系是否满足某一规范或标准要求,并对符合要求的产品、服务或管理体系出具第三方证明性文件的过程。

"民以食为天,食以安为先。"在满足日常温饱以后,吃得安全、吃得放心,成为普通消费者对农产品、食品的最基本需求。为了满足消费者的需求,促进我国农业和食品产业的健康发展,为政府部门的日常监管提供有益的参考和补充,国家认证认可监督管理委员会(以下简称"认监委")、国家质量监督检验检疫总局(以下简称"质检总局")、农业部等九部委于2003年2月27日联合发布《关于印发〈关于建立农产品认证认可工作体系实施意见〉的通知》(国认注联〔2003〕15号)。该通知明确指出:"在我国经济进入新的发展阶段和加入世界贸易组织的新形势下,随着工业化进程和城市建设的迅速发展,人民群众生活水平的不断提高,对'菜篮子'产品的质量卫生安全提出了新的要求。对农产品的质量安全卫生实行认证认可管理,是做好新阶段'菜篮子'工作的一项重要任务,也是实现农业现代化、推进农业产业化进程和进一步扩大对外开放的一项重要措施。"

根据该通知的要求,认监委积极会同有关部门和单位,以我国已开展的"无公害农产品"、"绿色食品"和"有机食品"等认证为基础,统一、完善相关的认证标准体系,逐步使我国农产品认证与国际通行的认证标准和认证形式接轨。同时,认监委也积极开展危害分析与关键控制点(HACCP)体系、食品安全管理体系(FSMS)等食品安全认证体系的建立和推广工作。经过十几年的积累和发展,旧的认证体系逐渐被完善,新的认证体系不断发展壮大。目前,我国已经建立了与国际接轨的、完善的食品农产品认证制度体系,涵盖"从农田到餐桌"的整个产业链条。我国现有的主要食品农产品认证制度见表1-1。

表1-1 我国现有的主要食品农产品认证制度

认证领域	认证性质	认证类别	认证范围	适用组织
绿色食品认证	自愿性认证	产品认证	农产品、食品	农产品、食品生产加工企业
有机产品认证	自愿性认证	产品认证	农产品、食品	农产品、食品生产和经营企业
良好农业规范(GAP)认证	自愿性认证	产品认证	农产品	农产品生产企业和个人
食品安全管理体系(FSMS)认证	自愿性认证	体系认证	食品、食品添加剂	农产品、食品生产和经营企业
危害分析与关键控制点(HACCP)体系认证	自愿性认证	体系认证	食品	食品生产和经营企业

二 认证管理

产品质量和品牌信誉是食品农产品认证的生命线,食品农产品认证规模越大,社会认知度越高,越需要加强管理。如果认证环节不规范,认证产品的质量和安全出现问题,不仅影响单个企业和产品形象、损害消费者利益,而且会造成"劣币驱逐良币"的现象,动摇整个食品农产品认证的根基。

目前,在食品农产品认证发展过程中,还不同程度地存在"重认证、轻管理,重标志、轻标准"的现象。少数产品存在质量、安全隐患,部分企业放松质量管理,认证标志使用混乱,一些地区市场秩序有待规范,必须

予以高度重视。全面加强对食品农产品认证监督管理,保证认证机构严格按照标准和规则开展认证活动,生产企业按标准进行生产经营活动,确保食品农产品认证标志在使用上做到合法、真实、有效,对于实现农业可持续发展、保护环境、提高食品农产品安全水平具有十分重要的意义。

我国食品农产品认证的监管主要由国家市场监督管理总局(以下简称"市场监管总局")认证监督管理司负责。认证监督管理司作为全国认证认可工作的主管机构,负责认证机构的设立、审批及从业活动的监督管理,以及对食品农产品认证认可活动进行统一管理、监督和综合协调。认证机构的设立、检查员的注册、认证活动的开展、认证产品的生产销售等,都在认证监督管理司的监督、管理与指导下进行。

1.认证机构的行政审批

根据《认证机构管理办法》的规定,认证机构的设立,应事先获得行政审批,未经批准,任何单位和个人不得从事认证活动。拟开展认证活动的申请人,应向认证监督管理司提交符合条件的证明文件,包括取得法人资格、有固定的办公场所和必要的设施、有符合认证认可要求的管理制度、注册资本不得少于人民币300万元、有10名以上相应领域的专职认证人员等。拟从事产品认证活动的认证机构还应当具备与从事相关产品认证活动相适应的检测、检查等技术能力。外商投资企业在中华人民共和国境内取得认证机构资质,除符合上述条件外,还应当符合《认证认可条例》规定的其他条件。符合要求的申请人,认证监督管理司将向其出具"认证机构批准书",有效期为6年。

2.认证机构的认可

认证机构在获得批准后,可在12个月内,向中国合格评定国家认可委员会(英文缩写为CNAS,以下简称"认可委")申请认可,以证明其具备实施相应认证活动的能力。获准认可的认证机构,可在其认可的认证业务范围内按照《认可标识和认可状态声明管理规则》(CNAS-R01)颁发带有CNAS认可标识的认可证书。在认可证书的有效期内,CNAS对获准认可的认证机构实施监督评审,确定其是否持续符合认可委认可规范的要求。认证机构也可不向CNAS申请认可,而是自行向认监委提交能力证明文件。但是,在贸易过程中,带有CNAS认可标识的认证证书更易获得相关方的认可。

3.食品农产品认证监管

党的十八大以来,在以习近平同志为核心的党中央领导下,国家对市场监管体制进行了系统的顶层设计,市场监管发生了根本性变革,开启了我国市场监管新篇章。市场监管理念、监管规则不仅影响我国的社会主义市场经济运行,也成为影响国家竞争力和国际影响力的重要因素,是构建全面开放新格局的重要基础。健全以"双随机、一公开"为基本手段,以重点监管为补充,以信用监管为基础的新型监管机制,推动"互联网＋监管"模式,是当前市场监管的重要任务。

国务院办公厅于2015年7月29日下发《国务院办公厅关于推广随机抽查规范事中事后监管的通知》,明确要求大力推广随机抽查监管,并在抽查中采取"双随机、一公开"抽查机制。"双随机"是指随机抽取检查对象、随机选派执法检查人员。"一公开"是指加快政府部门之间、上下之间监管信息的互联互通,依托全国企业信用信息公示系统,整合形成统一的市场监管信息平台,及时公开监管信息,形成监管合力。该通知发布后,各级市场监督管理部门迅速响应文件规定,"双随机、一公开"抽查迅速铺开,目前已收到良好成效。2019年2月15日,国务院办公厅下发《国务院关于在市场监管领域全面推行部门联合"双随机、一公开"监管的意见》(国发〔2019〕5号),充分肯定了在市场监管领域全面推行"双随机、一公开"监管的重要作用,认为其"是党中央、国务院做出的重大决策部署,是市场监管理念和方式的重大创新,是深化'放管服'改革、加快政府职能转变的内在要求,是减轻企业负担、优化营商环境的有力举措,是加快信用体系建设、创新事中事后监管的重要内容",并提出以下总体要求:在市场监管领域健全以"双随机、一公开"监管为基本手段,以重点监管为补充,以信用监管为基础的新型监管机制,切实做到监管到位、执法必

严,使守法守信者畅行天下、违法失信者寸步难行,进一步营造公平竞争的市场环境和法治化、便利化的营商环境。

为全面贯彻落实国发〔2019〕5号文件精神,市场监管总局于2019年2月17日发布《市场监管总局关于全面推进"双随机、一公开"监管工作的通知》(国市监信〔2019〕38号),要求各级市场监督管理部门深刻认识"双随机、一公开"监管的重要意义,发挥整体优势,加强统筹协调,注重内部各业务条线的职能整合,将"双随机、一公开"监管理念贯穿到市场监管执法各领域中。

4.认证结果查询

为保证认证信息的准确性,配合各职能部门的监管工作,认监委自2006年启用了"中国食品农产品认证信息系统"。认证机构应当在对认证委托人实施现场检查5日前,将认证委托人、认证检查方案等基本信息报送至该信息系统,并在获证后及时将产品获证情况以及产品认证防伪标志的购买情况上传该系统,以方便监管。认证委托人可通过该系统查询、跟踪认证进展。消费者如对购买的产品存有疑虑,也可登录该网站进行查询、核实。该信息系统维护了消费者和获证企业的合法权益,增强了认证产品信息的透明度,同时也为食品农产品认证的社会监督提供了信息平台。

5.食品农产品认证申诉与投诉管理

根据《认证认可申诉投诉处理办法》,任何组织或个人均有权依据该办法向认监委提出申诉、投诉。申诉是指当事人收到有关认证认可工作机构做出的决定时,提出异议的行为。投诉是指任何组织或个人对有关认证认可工作机构、工作人员或者获证组织存在违法违规问题的举报。认证认可工作机构是指从事认证认可工作的认可机构、人员注册机构、认证机构、认证咨询机构、认证培训机构以及相关的实验室和检查机构等。认证认可工作人员是指认可评审员、认证审核员、工厂检查员、认证咨询师、认证培训师以及认可人员注册、认证、认证培训和认证咨询机构的业务管理人员。

第二节 我国食品农产品认证种类

一 认证种类介绍

认证是指由国家认可的认证机构证明一个组织的产品、服务、管理体系符合相关标准、技术规范或其强制性要求的合格评定活动。认证类型按认证对象一般分为体系认证、产品认证和服务认证三大类,按强制程度分为自愿性认证和强制性认证两种。

自愿性认证按照认证制度所有者分为国家推行自愿性认证(以下简称"国推自愿性认证")和认证机构推行自愿性认证(以下简称"机推自愿性认证")制度。

随着经济全球化的发展、社会文明程度的提高,人们越来越关注食品的安全问题;要求生产、操作和供应食品的组织证明自己有能力控制食品安全危害和影响食品安全的因素。顾客的期望、社会的责任,使食品生产、操作和供应的组织逐渐认识到,应当有标准来指导、保障、评价食品安全管理。这种对标准的迫切需求,进一步促使食品农产品安全相关标准的制定。

专门针对初级农产品和与农产品食品相关的认证一般称为食品农产品认证,目前我国国推自愿性食品农产品认证种类已有10余种。食品农产品认证包括绿色食品认证、有机产品认证、良好农业规范(GAP)认证、食品安全管理体系(FSMS)认证、危害分析与关键控制点(HACCP)体系认证、乳制品生产企业良好生产规范(GMP)认证等。

1.绿色食品认证

《绿色食品标志管理办法》中规定,绿色食品是指产自优良生态环境、按照绿色食品标准生产、实行全程质量控制并获得绿色食品标志使用权的安全、优质食用农产品及相关产品。

绿色食品认证的依据是农业农村部绿色食品行业标准。绿色食品并不是“绿颜色”的食品，而是对无污染的、安全、优质、营养类食品的一种形象表述。随着绿色食品事业发展的不断壮大，制度规范不断健全，标准体系不断完善，其概念和内涵也不断丰富和深化。

2.有机产品认证

有机产品是指生产、加工、销售过程符合中国有机产品国家标准[《有机产品生产、加工、标识与管理体系要求》(GB/T 19630—2019)]，获得有机产品认证证书，并加施中国有机产品认证标志的供人类消费、动物食用的产品。有机产品主要包括粮食、蔬菜、水果、奶制品、畜禽产品、水产品及调料等食品，以及棉、麻、竹、服装、饲料等“非食品”。

有机产品标准简单地说就是要求在动植物生产及养殖过程中不使用化学合成的农药、化肥、生长调节剂、饲料添加剂等，以及基因工程生物及其产物，并且要遵循自然规律和生态学原理，采取一系列可持续发展的农业技术，协调种植业和养殖业的平衡，维持农业生态系统良性循环；在加工、贮藏、运输、包装、标识、销售等过程中，也有一整套严格规范的管理要求。

申请有机产品认证的产品应在认监委公布的《有机产品认证目录》内。认监委2019年11月发布的新版《有机产品认证目录》包括135大类有机产品。《有机产品认证目录》将根据农业生产技术、市场需求、风险评估结果等进行动态调整，具体产品目录可在认监委网站查询。

3.良好农业规范(GAP)认证

GAP是良好农业规范(Good Agricultural Practices)的英文缩写。从广义上讲，良好农业规范作为一种适用过程方法和体系，通过采用经济的、环境的和社会的可持续发展措施，来保障食品安全和食品质量。它是以危害预防原理、良好卫生规范、可持续发展农业和持续改良农场体系为基础，避免在农产品生产过程中受到外来物质的严重污染和危害。

GAP主要针对未加工和经最简单加工出售给消费者和加工企业的初级农产品在种植、采收、清洗、包装和运输过程中常见微生物的危害控制,其关注的是新鲜果蔬的生产和包装,但不限于农场,包含"从农场到餐桌"的整个食品链的所有步骤。

中国良好农业规范(GAP)认证标准为《良好农业规范》(GB/T 20014)系列标准。GAP认证分为一级认证和二级认证。一级认证要求满足适用模块中所有适用的一级控制点要求和所有适用模块的二级控制点数量的95%的要求,不设定三级控制点的最低符合百分比;二级认证要求所有产品应至少符合所有适用模块中适用的一级控制点总数的95%的要求,不设定二级控制点、三级控制点的最低符合百分比。

认证委托人可根据自身法律主体的组成形式按农业生产经营者或农业生产经营者组织两种选项申请认证。选项1是农业生产经营者认证,包括单一场所,未实施质量管理体系的多场所和实施质量管理体系的多场所;选项2是农业生产经营者组织认证,是指由两个及以上的农业生产经营者通过合同关系形成的组织申请良好农业规范认证,同时农业生产经营者组织已按要求建立并实施质量管理体系。

GAP认证产品范围包括作物种植、畜禽养殖、水产养殖和蜜蜂养殖,申请认证的产品应在认监委公布的《良好农业规范产品认证目录》内。GAP认证产品是按照模块划分的,具体包括以下4个模块。

(1)作物种植:果蔬模块、大田模块、茶叶模块、花卉模块、烟草模块。

(2)畜禽养殖:牛羊模块、奶牛模块、家禽模块、生猪模块。

(3)水产养殖:工厂化养殖模块、网箱养殖模块、围栏养殖模块、池塘养殖模块、滩涂/底播/吊养养殖模块。

(4)蜜蜂养殖:蜜蜂模块。

4.食品安全管理体系(FSMS)认证

FSMS是食品安全管理体系(Food Safety Management System)的英文缩写。食品安全管理体系认证以《食品安全管理体系 食品链中各类组织的要求》(GB/T 22000—2006)(该标准等同采用ISO 22000)为认证依据,俗称ISO 22000认证。《食品安全管理体系 食品链中各类组织的要求》(GB/T 22000—2006)规定了一个食品安全管理体系的要求,并结合生

产过程的关键元素,以确保从食品链前端至最后消费者的全产业链食品安全。《食品安全管理体系 食品链中各类组织的要求》(GB/T 22000—2006)将HACCP原理作为方法应用于整个体系,明确了危害分析作为安全食品实现策划的核心,并将国际食品法典委员会(CAC)所制定的预备步骤中的产品特性、预期用途、流程图、加工步骤、控制措施和沟通作为危害分析及其更新的输入,同时将HACCP计划及其前提条件(前提方案)动态、均衡地结合,既是描述食品安全管理体系要求的使用指导标准,又是供食品生产、操作和供应的组织认证和注册的依据。

食品安全管理体系认证范围广泛,适用于所有在食品链中期望建立和实施有效的食品安全管理体系的组织,无论该组织类型、规模和所提供的产品。这包括直接介入食品链中一个或多个环节的组织(不限于饲料加工者,农作物种植者,辅料生产者,食品生产者,零售商,食品服务商,配餐服务,提供清洁、运输、贮存和分销服务的组织),以及间接介入食品链的组织(如设备、清洁剂、包装材料以及其他与食品接触材料的供应商)。

5.危害分析与关键控制点(HACCP)体系认证

HACCP是危害分析与关键控制点(Hazard Analysis Critical Control Point)的英文缩写。《食品工业基本术语》(GB/T 15091—1994)对其定义为生产(加工)安全食品的一种控制手段:对原料、关键生产工序及影响产品安全的人为因素进行分析,确定加工过程中的关键环节,建立、完善监控程序和监控标准,采取规范的纠正措施。

HACCP体系认证是指企业委托有资格的认证机构对本企业所建立和实施的HACCP管理体系进行认证的活动。该活动的审核方是获得认监委批准的并获得认可的HACCP认证机构。从事该认证现场审核的人员应是获得食品相关专业学历、有食品工艺方面的实践经验、接受过HACCP培训并取得认证人员注册机构注册的专业评审人员资格。

HACCP是对可能发生在食品加工环节中的危害进行评估进而采取控制的一种预防性的食品安全控制体系。

有别于传统的质量控制方法,HACCP是对原料、各生产工序中影响产品安全的各种因素进行分析,确定加工过程中的关键环节,建立并完善监控程序和监控标准,采取规范的纠正措施,将危害预防、消除或降低到消费者可接受的水平,以确保食品加工者能为消费者提供更安全的食品。

以HACCP为基础的食品安全管理体系是一种科学、简便、实用的预防性食品安全质量控制体系,在国际上得到越来越广泛的关注和认可,已成为当今国际食品行业安全质量管理的必然要求。危害分析与关键点控制涉及企业生产活动的各个方面,如采购与销售、仓储与运输、生产、质量检验等,目的是在经营活动的各个环节保障食品的安全。

HACCP体系认证范围基本覆盖所有的食品加工和食品制造行业及餐饮业,按照《危害分析与关键控制点(HACCP)体系认证实施规则》和认监委相关文件,HACCP体系认证范围分为:易腐烂的动物产品的加工;易腐烂的植物产品的加工;易腐烂的动植物混合产品的加工;环境温度下稳定产品的加工和餐饮业。

二 认证领域的选择和认证标准的获取

1.认证领域的选择

食品农产品生产加工企业可根据自己从事的行业类别和生产加工特点选择不同的认证,根据需求可选择一个或同时选择几个认证领域,以满足企业发展需要。生产企业可参照表1-2选择农产品食品生产加工企业适用的认证领域。

表1-2　农产品食品生产加工企业适用的认证领域

序号	国民经济分类代码	所属行业类别	适用的认证领域
1	01	农业	有机产品认证,绿色食品认证,良好农业规范(GAP)认证
2	03	畜牧业	有机产品认证,绿色食品认证,良好农业规范(GAP)认证

续表

序号	国民经济 分类代码	所属行业类别	适用的认证领域
3	04	渔业	有机产品认证,绿色食品认证,良好农业规范 (GAP)认证
4	13	农副食品加工业	食品安全管理体系认证,危害分析和关键控制点 (HACCP)体系认证,有机产品认证,绿色食品认证
5	14	食品制造业	食品安全管理体系认证,危害分析和关键控制点 (HACCP)体系认证,乳制品GMP认证(限乳制品制 造业),有机产品认证,绿色食品认证
6	15	酒、饮料和 精制茶制造	食品安全管理体系认证(酒除外),危害分析和关键 控制点(HACCP)体系认证,有机产品认证,绿色食 品认证

2.认证标准的获取

(1)国家标准化管理委员会网站查询

2017年3月16日,为进一步加快推进国家标准公开工作,满足社会各界便捷地查阅国家标准文本的迫切需求,国家标准全文公开系统正式上线运行。国家标准全文公开系统提供了国家标准的题录信息和全文在线阅读,具有分类检索、热词搜索等功能。任何企业和社会公众都可以通过国家标准化管理委员会(以下简称"标准委")官方网站国家标准全文公开系统(http://www.gb688.cn/bzgk/gb/index)查阅国家标准文本,或到标准委官网——标准公开(http://openstd.samr.gov.cn/bzgk/gb/index)在线阅览。但采用了ISO、IEC等标准,由于涉及版权保护问题,暂不提供在线阅读服务。

国家标准全文公开系统所提供的电子文本仅供参考,必要时应以正式标准出版物为准。

(2)中国标准出版社购买

可在中国标准在线服务网(https://www.spc.org.cn/basicsearch)购买或在线阅读。采用了ISO、IEC等标准,由于涉及版权保护问题,暂不能提供在线阅读服务,需联系中国标准出版社获取。

3.向认证机构咨询有认证需求并已选择了认证机构的企业，关于标准的任何信息可以直接向认证机构进行咨询

▶ 第三节 食品农产品国际认证业务介绍

食品农产品生产和采购的全球化使食品链变得越来越长、越来越复杂，无形中增加了发生食品安全事件的风险。食品安全法规的增多和技术标准的不统一，使食品制造商难以应对。零售商往往依据自身制定的标准实施检查或审核，或聘请第三方认证机构实施现场审核。全球针对食品农产品所开展的认证业务有190多种，而这些认证往往缺乏国家间的相互认可。2000年5月，来自全球70多个国家650多家零售生产服务商及利益相关方的首席执行官和高级管理层，共同创建了全球食品安全倡议组织(GFSI)，其目的是通过设立基准标准，以协调现有食品安全标准，减少食品链的重复审核。

目前获得 GFSI 认可的认证制度方案主要有 BRC 全球标准(BRCGS)(第九版)、国际特定标准(IFS)(第六版)、食品安全体系认证(FSSC 22000)(第六版)等。

1.BRC 全球标准(BRCGS)认证

(1)BRCGS 的起源与发展。1998年，英国零售协会(BRC)应行业需要，发起并制定了《BRC 食品技术标准(第一版)》，用以对零售商自有品牌食品的制造商进行评估。2000年 BRC 食品安全全球标准成为第一个被 GFSI 认可的标准。为了使品牌全球化，BRCGS 内涵将变更为"品牌、声誉和合规性"。最新一版的 BRCGS(第九版)已于2022年8月1日开始生效。

(2)BRCGS 的适用范围。该标准为下列产品的生产、加工和包装制定了要求，包括：加工食品，包括自有品牌和客户品牌；食品服务公司、餐饮公司和/或食品生产商使用的原材料或配料；初级产品，如水果和蔬菜、

家庭宠物食品。

BRCGS认证适用于已经通过审核的工厂所制造或制作的产品,包括受生产工厂管理层所直接控制的贮藏设施。

(3)BRCGS认证标志并非产品认证标志,不能使用在产品包装上,同时产品或产品包装上也不得提及BRCGS。获得认证的任何工厂如被发现误用BRCGS名称,将受到BRCGS投诉/查证程序的约束,而且可能会面临认证被注销或撤销的危险。未在审核范围内涵盖全部产品的公司也不得使用BRCGS标志。

(4)BRCGS的发证数量。目前,全球130多个国家已经颁发了BRCGS证书,总发证量约29 000张,其中英国约4 500张,美国约2 600张,中国约2 900张。获得认证的公司可在BRC网站公开目录中查询(https://brcdi-rectory.co.uk)。

2.国际特定标准(IFS)认证

(1)IFS的起源与发展。德国零售联盟的成员——德国零售业联合会(HDE)和其法国的合作伙伴——法国批发和零售联合会(FCD)为了用统一的标准评估供应商的食品安全与产品质量管理体系,共同起草了关于零售商品牌食品的产品质量与食品安全标准:国际食品标准(International Food Standard)。这个标准适用于所有农场生产后的食品加工。后因这套标准所涉及的范围含有非食品,所以改名为国际特定标准(International Featured Standard)。

(2)IFS的审核范围。IFS Food标准作为零售商及批发商品牌食品供应商和其他食品制造商的审核标准,仅涉及食品加工企业或食品包装企业。IFS Food标准仅适用于涉及"加工"的食品,或在初级包装过程中存在风险的产品。审核的范围由受审核方和认证机构双方在审核前商定,并在双方签订的合约上明确写出,同时应在审核报告与证书上注明。审核应在适当的时间进行,以确保报告和证书中提及的所有产品和工艺均能得到有效评估。

(3)IFS认证标志与发证数量:截至2019年10月,IFS认证在中国发证200余张。

3.食品安全体系认证（FSSC 22000）

（1）FSSC 22000的起源与发展。食品安全体系认证（FSSC 22000）是近几年快速发展起来的一个国际食品安全认证项目,其认证依据主要基于国际标准ISO 22000食品安全管理体系和针对食品链各部分的技术规范,如《食品加工业的食品安全前提方案》(ISO/TS 22002-1)、《食品包装业的食品安全前提方案》(BSI-PAS 223)以及项目的一些附加要求。FSSC 22000认证的目的就是协调食品链中食品安全体系的认证要求和方法,确保颁发的食品安全认证证书的内容及范围的可信性。

（2）FSSC 22000的范围。目前FSSC 22000认证领域包含以下9个方面:①动物饲养(行业类别A);②食品制造(行业类别C);③动物饲料的生产(行业类别D);④餐饮业(行业类别E);⑤零售和批发(行业类别F);⑥运输和贮存(行业类别G);⑦食品包装和包装材料的生产(行业类别I);⑧生物化学品生产(行业类别K);⑨FSSC 22000质量。

（3）FSSC 22000标志与发证数量。截至2019年10月,全球154个国家共颁发FSSC 22000认证证书21 000张左右,其中食品加工企业15 000多张,食品包装制造企业3 100多张。

我国自古以来就是农业大国,农民在全国人口中占绝大部分。建成社会主义现代化强国,必须要解决"三农"问题。"三农"这个根本性问题作为全党工作的重中之重,事关国家的富强和政权的稳固,更事关中华民族的伟大复兴。"三农"问题是最基本的问题,只有农业兴旺、农村发展、农民富裕,我国才能实现民族复兴、国家富强、人民幸福的伟大中国梦。

改革开放以来,农民收入持续增长,幸福感与获得感得到显著提升,农村的发展取得历史性胜利。实现农业农村现代化,解决人民日益增长的美好生活需求和不平衡不充分的发展之间的矛盾,也必然需要乡村振兴战略的实施。而乡村振兴的重点在于产业,需要乡村产业振兴发展予以支撑。

全面打赢脱贫攻坚战,实施乡村振兴战略,全面建成小康社会。农村发展依靠经济,产业作为农村的根本,振兴产业是农村发展的动力引擎。振兴产业能为农村的繁荣提供强大的动力,促进农业大国向农业强国的完美转型,所以要立足农情,从根本上解决农村问题。农业是基础,以农业产业的发展推动整个农村的经济发展,推进农村农业的现代化,从而实现农村的全面发展。

中国要强,农业必须强。党和政府一直都非常重视农业、农村、农民问题,中央一号文件从2004年至今,连续18年关注"三农"问题。党的十九大报告将"三农"工作提高到一个前所未有的高度,首次提出乡村振兴战略,并明确了实施乡村振兴战略的方向:按照产业兴旺、生态宜居、乡风文明、治理有效、生活富裕的总要求,建立健全城乡融合发展体制机制和政策体系,加快推进农业农村现代化。

▶ 第一节 食品农产品产业发展存在的问题

一 同质化竞争严重,产业特色不明显

"同质化"是指在同一产业中不同品牌的商品在产品质量、产品性能、外观设计与营销方式等方面相互模仿,以至于不同品牌商品出现逐渐趋同的现象。而这类商品之间的相互竞争行为则称为同质化竞争。随着农业产业化的不断推进,我国乡村产业也遍地开花,但是,在乡村产业不断加快发展的同时,也出现了千业一面、同质化竞争严重、产业特色不明显、经济效益不高、产业不兴旺等问题。

二 产品质量参差不齐,品牌效应不强

在我国乡村产业经营中,小规模农业生产者是市场的主体,小农经济仍然是生产经营的主要组织形式。生产者数量众多且生产规模小的生产经营模式通常会导致生产者各自为政,无法形成规模经济,再加上生产加工技术相对落后,质量检测监控跟不上,产品质量难以有效控制,从而导致产品质量参差不齐、品牌效应不强。另外,生产者数量众多且生产规模小的生产经营模式也加大了政府的监管难度与监管成本,所以,市场上经常出现政府监管缺位、错位与不到位等现象。这无形中也降低了生产者的违法成本,因而有些生产者经常以次充好、以假乱真,只顾眼前利益,不重视品牌效应。

三 科技创新不足,现代化程度低

科技创新是第一生产力,这对乡村产业来讲也不例外。近年来,我国政府对农业科技创新、农业现代化越来越重视,虽然乡村产业技术生产水平有了较大提升,但是,与发达国家相比,科技创新能力依然不足,

农业现代化程度仍然偏低。因此,目前我国很多乡村产业依旧停留在传统农业层面,生产设备落后,技术水平不高,现代化程度偏低。

四 产业链短,产业融合程度低

在我国乡村产业中,产业间分割明显,产业链短,产业融合目前还处于起步阶段,融合程度低。例如,农产品生产类产业则主要提供初级农产品,很少进行加工与销售,并未形成"生产、加工、物流、销售"为一体的产业融合式发展。虽然有些乡村产业进行产品加工,但是其规模通常比较小,设备与技术也比较落后,缺乏深度与精度加工,产业链短,附加值低,利润不高,产品销售也主要停留在本地市场。

▶ 第二节 食品农产品认证的意义

提升乡村农产品生产规模与经济效益、统筹农产品的质量控制与认证认可、建立农产品管理体系与可持续性发展等方面的工作还需要持续进一步加强,需要政府、行业、生产经营主体等多方协作、统筹协力做好。

一 促进企业管理的持续改进

食品农产品认证有利于帮助企业识别质量控制关键环节和风险因子,持续改进质量管理措施,不断提高产品质量和服务质量;有利于持续保证管理体系的有效运行,从而切实加强质量管理;有利于管控风险,提高科学生产水平;有利于强化农业技术服务体系建设,加快产业科技创新步伐。

开展认证所建立的标准化体系为多部门协作创建了平台,企业可从实际生产经营情况出发对风险预警指标进行选取,以此来架构出一种层次分明的预警系统,对各种风险进行实时预防及处理,以此让企业尽量避免风险或者减少风险带来的损失。

二 增进市场经济的信任传递

当前,世界上大多数国家已建立了以食品农产品质量安全为中心的标准化管理制度,通过质量认证来保证标准化管理要求的实施,在市场中传递权威可靠信息。这有助于建立市场信任机制,提高市场运行效率,引导市场优胜劣汰。食品农产品认证制度作为提升食品农产品质量安全的重要举措,能有效减缓生产企业和消费者之间信息不对称的程度,进而提升消费者信心,缓解公众对食品农产品质量安全的担忧。

食品农产品认证是第三方认证机构根据相关标准对生产经营者的管理体系、产品或服务,结合法律法规做出科学、客观、公正的评定,让消费者通过认证证书或认证标志了解生产经营者和产品的相关信息,也让消费者和食品生产经营者能有效掌握食品农产品质量安全的信息。相关食品农产品认证制度的实施必将促进食品农产品质量安全制度的建设,从而提高消费者对食品农产品质量安全的信任度。

三 保障国际贸易的顺利通行

随着传统贸易壁垒的运用空间越来越小,发达国家在国际贸易中以保护资源、环境和健康为名,制定一系列苛刻的、高于国际公认或绝大多数国家不能接受的环保、社会福利标准,限制或禁止外国产品进口,通过设置技术壁垒从而达到贸易保护的目的。

由于这类壁垒大多以技术面目出现,因此常常会披上合法的外衣,成为当前国际贸易中最为隐蔽、最难对付的非关税壁垒。随着关税壁垒对贸易的影响逐步减弱,技术壁垒已逐渐成为各国争相采用的维护本国利益的手段,尤其在农产品贸易方面。我国是农产品出口大国,受技术性贸易壁垒影响严重。例如,出口的产品未能达到目的国采信的认证标准,则失去了参与竞争的可能性或降低了竞争力,甚至可能被拒之门外。

在一定程度上,这些认证已经演变为发达国家的贸易保护工具。因

此,企业通过认证产品才能得到大型连锁经营组织的青睐,并通过认证产品的市场溢价实现可持续发展。

（四）加速品牌美誉度建设

农产品认证有利于培育农业龙头企业和优质农产品品牌,促进产地与市场、生产者与消费者的连接和互动。开展食品农产品认证,是给食品农产品"冠名"和发放市场的"通行证",是推行市场准入和质量追溯的基础,也是为全社会和广大消费者提供对食品农产品质量安全进行监督的技术依据。而食品农产品认证制度的"绿色"属性,通过有效衡量产品和服务提供者的资源消耗及环境影响,进一步提振以节约资源和环境保护为特征的绿色消费行为。品牌化运作是农业和食品生产企业在贸易过程中逐步壮大和发展的必然结果,使得消费者的消费意识、社会需求也发生了重大改变:从最初的购买商品提升到购买优质商品;由最初吃饱穿暖的基本物质需求,转变为对安全、生态、健康、营养、口味等全方位的品质需求。

随着我国消费需求升级,消费者迫切需求品质优良的食品农产品。品牌的树立可以让生产经营企业在市场竞争中彰显内在的品质和信誉。生产经营企业对优质品牌食品农产品进行开发,打造品牌,占领市场。在这个动态的发展过程中,品牌逐步成为食品农产品的核心竞争力。

（五）引导农业生产经营方式转变

农产品认证是农业生产者提高自身管理水平、强化农产品质量安全自控能力的重要手段,既有利于农业技术标准的贯彻落实,稳定、长效地提高农产品质量安全水平,又有利于提高农业从业人员的质量意识,自觉地按照要求从事农业生产经营。同时,农产品认证还能促进农业规模化、集约化和专业化生产,且能促进农业产业化龙头企业的确立,促使土地向种植大户或规模化生产企业集中,其辐射效应也能带动周边农户的生产模式向集约化转变,提升了初级农产品的商业化程度和深加工程度,从而提高农产品比较效益。

六 挖掘食品农产品的贸易潜力

食品农产品认证制度丰富多样,并且针对同一产品也建立了不同层级的认证制度。例如,无公害农产品、绿色食品、有机产品就构成了农产品认证的三级金字塔:无公害农产品是金字塔的塔基,绿色食品是金字塔的中间部分,质量优、秉持可持续发展理念的有机产品对生产加工过程要求更严格,是金字塔的塔尖。这3种认证制度有共同的基础,并相互补充,实现了食品农产品从土地到餐桌的全程安全监控。

食品农产品认证赋予产品的认证标志,通过第三方认证机构的信任传递、生产企业的推广宣传、市场流通环节的可追溯控制和消费者环节的检验,可产生产品溢价。

随着经济的持续发展,人们对食品农产品的需求已由满足基本生活需求转变为追求绿色健康生活理念等更高层次的需求。认证的实施,一方面保证组织和产品满足市场的基本需求,另一方面也为组织建立了高标准的管理制度进而生产出具有更优属性、更多附加值的产品。

七 提升市场供给效力

推行农产品质量安全认证制度,有利于引导和促进企业增强质量意识,积极采用先进标准,建立健全质量保障体系,加强质量管理,提高产品质量,增强市场竞争力;有利于促进农业生产标准化、经营产业化、产品市场化和服务社会化,加快农业增长方式由数量型、粗放型向质量型、效益型转变;有利于强化管理,规范标准化生产基地建设,导入的生产管理标准协助企业制定标准化生产基地发展规划、实施方案和管理办法,实现"工作有标准、运行有程序、检查有依据、改进有方向"。在我国已实施多年的食品安全管理体系认证制度,通过实施食品安全管理体系的要求,并结合公认的关键元素,确保了食品安全。通过认证传导的反馈作

用,引导消费和采购,形成了有效的市场选择机制,倒逼生产企业提高管理水平和产品质量,增加市场有效供给。

此外,食品农产品认证制度的建立也为打破国际食品农产品贸易领域的技术壁垒创造了条件,同时也有利于提高我国农产品市场的准入技术条件。因此,开展食品农产品认证工作是我国加入世界贸易组织后参与国际食品农产品市场竞争、推动我国食品农产品扩大出口的迫切需要。

（八）提升政府监管与服务效能

食品农产品认证活动是政府履行监管职能的辅助和补充。农产品生产、加工企业众多,而为基地和企业提供原料的生产者不多。当前,需要职能部门进行监督、检查、检测,实现食品农产品"从农田到餐桌"全过程管理。而利用认证手段,直接采用第三方专业认证机构出具的认证结果,可在一定程度上转变政府监管模式、改善管理效果、降低管理支出,既能保证认证活动的客观、公正,又能提高政府监管效率。通过对认证结果的采用和对认证市场的规范,加强农产品品质认证和标志使用的管理,形成生产者、认证机构和政府互为补充、相互支持的良好局面。

（九）实现农业可持续发展

现代农业发展的目标是高产、优质、高效、生态、安全,发展的方向是区域化布局、标准化生产、产业化经营、市场化竞争和可持续发展。随着经济的快速发展,全球生态环境进一步恶化,各国对经济的现状和发展展开了激烈讨论,逐步形成了可持续发展理论。在可持续发展的背景下,农业已不再被视为一个仅仅以种植、作物产出、销售的狭义封闭产业,而被视为在全球环境与发展格局中具有举足轻重的地位和广泛影响的产业。近年来,随着可持续发展理念的普及,农业可持续经营通过标准的建立和认证制度的实施,正在逐渐取代传统的农业生产方式,已成为全球广泛认同的农业发展方向。

　　食品农产品认证制度在社会、经济、文化的发展过程中,结合可持续发展理念,融入了社会责任的评估。通过推行食品农产品认证,实施农产品市场准入制度,促进了优质食品农产品的生产和流通。食品农产品认证制度的建立增进了生产环节、流通环节和消费环节的互动,实现了产地与市场的挂钩和管理,保障优质产品获得更高售价,使农业发展进入以消费引导生产、靠市场需求拉动产品供给的良性发展轨道,从根本上推动了农产品竞争力增强、农业增效和农民增收。

第三章　食品农产品认证流程

从企业的角度看,一个完整的认证活动基本包括确定认证制度(或认证领域)、选择认证机构、提出认证申请、签署认证合同、现场审核、不符合项整改、认证证书和认证标志使用、保持认证要求、信息沟通、申请再认证。本书中的审核一般指审核、检查、评审等。

不同的认证制度对于认证流程的要求有明显的差异,其中包括认证申请提交资料的不同、现场审核不同阶段要求的不同、证书有效期的不同、监督审核频次不同、产品抽样的方式不同、认证标志的使用要求不同等。本章以认证的通用流程为基础阐述相关内容,具体的认证流程详见相应的认证实施规则的要求。

▶ 第一节　确定认证制度

企业应根据产品类型、生产方式、产品销售目标市场、顾客要求等因素综合考虑,选择所要申请的认证制度。确定所要申请的认证制度后还应了解相应认证制度的认证管理办法、认证依据、认证实施规则等要求。

▶ 第二节　选择认证机构

企业选择认证机构应进行综合考虑,具体包括认证机构的合法性、认可状态、认证机构的技术和管理能力、认证机构的品牌影响力、企业所选

择相应认证制度的市场占有率、企业所在行业或产业的主要客户等因素。

▶ 第三节　提出认证申请

　　企业可通过登录认证机构网站或联系认证机构相关人员,了解具体认证制度的公开文件,熟悉认证申请需提供的文件、认证合同文本样本、认证证书样本、认证证书有效期、认证收费标准、认证申/投诉要求等内容。企业应按照认证机构要求提供相应的认证申请资料,并根据认证机构的要求补充或完善相关文件。认证机构同意受理后方可签署认证合同。

▶ 第四节　签署认证合同

　　企业根据了解到的情况,与认证机构沟通相关合同内容,如认证收费标准、认证费用收取方式等,如果涉及产品检测费的问题,也应在认证合同或其他认证申请文件中进行明确。企业应关注认证合同中规定的双方权利和义务,具体义务和申请的具体认证制度有关。

▶ 第五节　现场审核

一 现场审核准备

1.确定现场审核时间

　　在正式的现场审核前,企业管理体系应至少运行3个月。

　　现场审核应在申请认证产品的生产期间进行,对于非季节性生产的产品,现场审核一般选择在产品生产风险较高的期间进行;对于季节性生

产的产品,企业应加强同认证机构的沟通,确保现场审核时有生产活动。

2.内部审核

企业在现场审核前应确保其各项工作已经按照认证依据的要求进行建立和实施,企业应在现场审核前进行一次完整的内部审核,以对体系的适宜性、充分性、有效性进行评审,确保具备现场审核的条件。

3.文件审核

在认证机构确定审核组后,审核组会对企业提交的认证申请文件进行评审,审核组对企业管理体系文件中存在的问题提出反馈意见,企业根据该意见及时完成整改。有些问题需企业在现场审核前整改并经审核组确认,方可进行现场审核,企业应重视审核组提出的问题并积极整改。

4.与审核组的沟通

认证机构会按照认证实施规则的要求提前几个工作日(一般为7个工作日以上)通知企业具体审核安排或审核计划,企业应积极关注审核组提出的任何与审核相关的问题和疑问,做好解释或整改。

企业如因审核组人员存在公正性、独立性等问题时,可与认证机构沟通调整审核组人员。企业不能以审核员现场要求较为严格为理由而要求调整审核组人员。

二 现场审核实施过程

1.首次会议

现场审核首次会议应由审核组组长主持,确认审核范围、审核目的、审核依据、审核方式、审核安排、审核所需资源、不符合项分类、终止现场审核条件等,宣布审核员健康状况、公正性、独立性和注意事项,确定企业的陪同人员及末次会议召开的时间。

2.现场审核内容

审核组通过现场观察、询问及资料查阅等审核方式实施现场审核,审核内容应覆盖认证依据的全部内容,一般包括生产环境、现场操作、设备设施、人力资源文件管理、记录执行、管理体系运行、产品检测、产品质量等内容。现场审核过程如发现重大的与认证依据不符合的情况,审核组会终止现场审核活动,现场审核结论为不通过。

3.末次会议

末次会议上审核组会报告现场审核结论,结论一般分为:

(1)现场审核未发现不符合项的,现场审核结论为通过,推荐发证;

(2)现场审核发现不符合项的,受审核方可以在约定时间内完成整改的,现场审核结论为验证合格后通过,推荐发证;

(3)受审核方未能在规定时间内完成整改或未通过验证的,认证活动终止,不推荐发证。

现场审核没有开出不符合项,只代表企业已通过现场审核,不代表已满足发证要求,认证机构会对企业和审核组提交的全部资料进行合格评定,是否颁发证书以认证机构最终的合格评定结果为准。

4.产品安全性验证

在现场审核中审核组需要通过对申请认证产品进行抽样检验的方法验证产品的安全性。

抽样检验可采用以下3种方式之一:

(1)委托具备相应能力的检测机构完成;

(2)由现场审核人员利用申请人的检验设施完成;

(3)由现场审核人员确认由其他检验机构出具检验结果的方式完成。

抽样检验的方式与认证类别、认证机构、审核组、企业和产品特性等因素相关,如有机产品认证需按照第一种方式实施,食品安全管理体系认证采取其他方式实施。企业应在现场审核前积极与审核组沟通,确保审核现场有足够数量的产品,满足抽样的条件。

▶ 第六节　不符合项整改

企业应重视审核组在现场审核中发现的不符合项,认真分析不符合

项发生的深层次原因、举一反三,提出纠正措施或纠正措施计划,应按照相应认证实施规则的时间要求整改,提交整改证据。同时企业还应在下一次的管理评审中对不符合项整改的有效性进行评审。

▶ 第七节 认证证书和认证标志使用

一 认证证书及其使用

认证证书是指产品、服务、管理体系通过认证所获得的证明性文件。认证证书包括产品认证证书、服务认证证书和管理体系认证证书。企业可通过登录全国认证认可信息公共服务平台(http://cx.cnca.cn)查询企业获证信息。

获得认证的组织应当在广告、宣传等活动中正确使用认证证书和有关信息。获得认证的产品、服务、管理体系发生重大变化时,获得认证的组织和个人应当向认证机构申请变更,未变更或者经认证机构调查发现不符合认证要求的,不得继续使用该认证证书。

二 认证标志及其使用

认证标志是指证明产品、服务、管理体系通过认证的专有符号、图案或者符号、图案以及文字的组合。认证标志包括产品认证标志、服务认证标志和管理体系认证标志。自愿性认证标志包括国家统一的自愿性认证标志和认证机构自行制定的认证标志。

▶ 第八节 保持认证要求

不同的认证制度,认证证书有效期不同,一般为1~3年。为保持认证证书资格,企业需要在一定时间间隔内接受现场监督审核,监督审核通过后方可继续保持认证要求(表3-1)。

表3-1　食品农产品认证制度一览表

序号	认证领域	证书有效期(年)	现场监督审核频次	备注
1	绿色食品认证	1	12个月	
2	有机食品认证	1	12个月	
3	良好农业规范(GAP)认证	1	12个月	
4	食品安全管理体系(FSMS)认证	3	12个月	
5	危害分析与关键控制点(HACCP)体系认证	3	12个月	

国家认证监管部门、认证机构会在风险评估的基础上针对获证企业实施一些不定期的跟踪检查,企业应积极配合。企业在持有认证证书期间,如有违反认证相关规定情况,认证机构应根据相应规定暂停或撤销企业的认证证书。

▶ 第九节　信息沟通

企业应按照具体的认证实施规则、认证合同的约定,根据认证机构的要求,当发生重大食品安全事故或组织经营发生重大变化等情况时,积极联系认证机构,沟通相关事件信息,以满足认证相关法规的要求。企业未能按照认证相关规定进行信息通报,会导致证书暂停或撤销。

▶ 第十节　申请再认证

在认证证书有效期满前3个月,企业应向认证机构提交再认证相关资料。再认证程序一般同初次认证流程一致,具体认证制度要求有细微差别。

🔘 第十一节　典型认证流程图

认证流程会随着认证制度和认证机构的不同而不同。图3–1以有机产品认证为例介绍产品认证流程,图3–2以食品安全管理体系(FSMS)认证为例介绍管理体系认证流程。

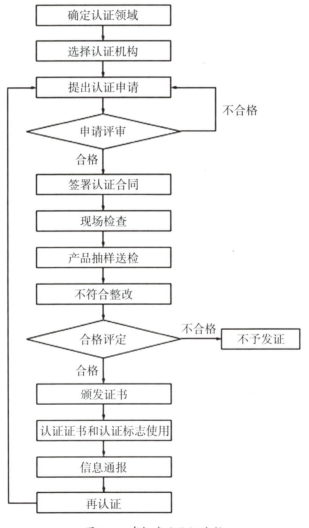

图3-1　有机产品认证流程

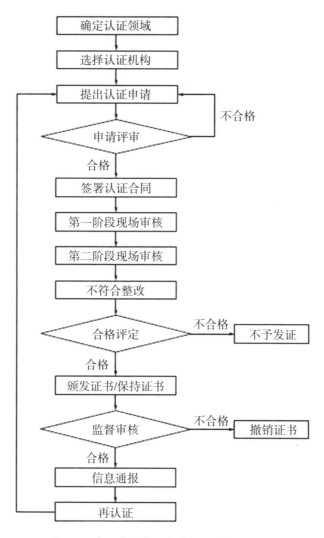

图3-2　食品安全管理体系(FSMS)认证流程

第四章

食品农产品认证体系的建立和实施

目前,由于管理的需要或客户的需求,很多食品农产品生产经营企业都按照相关标准或客户的要求建立、实施和保持相适宜的管理体系。管理体系应符合企业的管理战略和发展方针,达成企业的管理目标,规范企业内部管理活动,持续为客户提供安全合格的产品或服务,增强消费者信心,促进企业的持续发展。食品农产品管理体系的建立基本上遵循所需的前提、建立、实施和保持改进等几个步骤。

▶ 第一节 体系建立的前提

一 确定管理体系及其建立的依据

本章节所指的管理体系建立的依据主要包括绿色食品认证、有机产品认证、良好农业规范(GAP)认证、食品安全管理体系(FSMS)认证、危害分析与关键控制点(HACCP)体系认证、乳制品生产企业良好生产规范(简称乳制品GMP)认证所适用的法律法规、认证标准、产品标准、客户要求等。

一个企业的体系就是在确定的发展战略方针和管理目标基础上,通过对企业内各种过程或活动(通常包括管理过程、支持过程、核心生产和品质控制过程或上述活动等)进行管理来实现的,因而应明确过程管理的要求、管理人员的职责、实施管理的方法以及管理所需的资源等内容。因此,企业应首先确定需要建立哪一个或哪几个管理体系,是分别建立相应的管理体系,还是将体系结合起来建立一个新的管理体系;其次根据确定的目标管理体系建立适用的相关依据。

二 经营的合规性

食品农产品生产经营企业在体系建立的准备阶段,应收集与建立体系相关的依据,包括法律法规、标准等有效版本或从客户处获取的要求,以作为体系建立的合规性要求。

企业要按照我国或产品消费地的法律法规完成合规性要求其需要办理的相关资质和(或)许可的办理,如营业执照、食品生产许可证、出口食品生产企业备案证明等,一般要求的对象是合规注册的食品农产品生产实体,如生产加工企业、合作社、生产协会、贸易公司、物流公司等。对于建立有机产品认证和良好农业规范认证体系的实体,涉及相关生产基地或小农户时,生产单元还应同其签署相关合同或协议,形成有利益关联的经营组织。

三 组织结构

企业要建立可体现企业管理架构的组织结构图,应明确划分职责,确保企业内部管理的责任落实到位。常见的企业组织结构形式有"公司(工厂)""公司+农户""公司+加工组织+基地""公司+加工组织(含基地)+农户""专业合作社(协会)+农户"等。

对于农业生产企业而言,若建立管理体系的是一个由多个农业生产经营者组合在一起的生产模式,其核心管理层的组成至关重要,不仅担负着整个经营组织的行政管理,更重要的是负责经营组织内所有成员、所有基地、所有食品农产品生产的技术指导。

▶ 第二节　体系的建立

一　成立体系管理小组

为了有效地策划管理体系的建立工作,企业需要在内部成立一个策划和推进体系的专项机构——体系管理小组。

体系管理小组负责管理体系的策划、建立、实施、保持和更新。体系管理小组的成员应符合覆盖管理体系范围内的产品生产过程或服务过程的条件,具有基本的理论知识和实践经验,熟悉相关法律法规和标准等要求。若缺乏这些知识和经验,应从其他途径获取专家的意见。企业可以聘请外部专家作为体系管理小组的成员,外部聘请专家参与建立实施管理体系时,应以书面的形式确定专家的相关责任和权限。

体系管理小组成员可由生产、质量保证、检验、采购、种植/养殖基地、销售、贮存、研发等相关部门的人员组成,特别是对于有机产品认证和良好农业规范认证的企业需要纳入种植/养殖基地的负责人和技术人员成为体系管理小组成员。企业的最高管理者应亲自参与或至少指派一名最高管理者代表参与体系管理小组工作,以体现"领导作用"的质量管理原则。企业的最高管理者应确定一名体系管理小组中的成员作为负责人主持体系管理小组的工作,规定其职责和权限,以保证管理体系的建立、实施、保持和更新,向最高管理者报告管理体系运行的充分性、适宜性和有效性,组织实施管理体系的内部审核、管理评审,以此作为管理体系保持和更新的基础。

二　建立体系的准备工作

1.确定管理体系范围

体系管理小组开展工作时,应首先明确管理体系所覆盖的范围:产品和(或)服务的活动和过程、实际位置场所、涉及范围覆盖产品和(或)服务的企业内部管理框架。需要确定适宜的企业内部管理框架,以达到管理的有效性,管理框架一般包括生产、加工、检验、采购、销售、贮存等部门或人员。若有机产品认证、良好农业规范等含有种植/养殖基地的,还需要包括基地负责人和基地技术人员,各部门的职责和义务必须清晰明确。企业应将管理体系所确定的覆盖范围形成文件。

2.确定管理体系的方针和目标

体系管理小组应结合企业最高管理者对企业发展的战略构想和发展方向制定文件化的管理体系方针和目标,并经企业最高管理者审核、批准。

3.企业现状调研

围绕管理体系的范围,评价企业现状和管理实际,开展以下调研工作:

(1)梳理既有组织机构图、职责划分与职责描述;

(2)围绕拟认证业务活动的资源状况调查;

(3)收集整理既有的文件、记录,建立清单,搜集相关法律法规、行业要求和客户要求,开展业务活动的过程及建立其流程图;对于存在基地的情形,还需要确定生产场所,应按比例绘制生产单元或加工、经营等场所的位置图;

(4)相关方及其需求的识别,以往企业和同行业的投诉处理情况等;

(5)形成并提交调研报告。

4.管理体系的建立计划

体系管理小组应根据管理体系的范围、方针和目标,结合调研的结果,为管理体系的建立做出计划安排,计划中明确任务、分工和时间安排等事项。在计划实施前,需要强调组织体系管理小组成员进行管理体系策划和建立的调研工作,调研企业目前的管理运行实际,以便制定出合理的体系建立计划。

5.经营风险和机遇的识别

企业应对经营管理过程中的风险和机遇进行识别,分析所处的内外部环境和行业动态。结合公司最高管理者制定的战略发展方针,识别和分析企业经营活动的内外部的风险和机遇,需要采取相应的应对措施予以管理控制,以减少企业发展风险和扩大发展机遇。

对于体系建立的范围内存在种植/养殖基地(如良好农业规范认证、有机产品认证等)的情况,应对基地及处理场所的产地环境条件、生产条件以及关键生产环节进行风险评估,针对高风险环节规定相应的控制措施。

6.相关法律法规和标准的收集

企业应按照所建立的管理体系,收集相关法律法规、认证标准、产品标准、客户要求等,获取的途径可多样化,如官方主管部门、互联网、客户等。收集的法律法规要注意及时更新。

三 体系文件的编制要求

体系通常是通过文件化的形式表现出来的。所谓建立文件化的体系,就是按认证标准的要求,编写企业的管理体系文件。

管理体系文件一方面是企业的"法律法规",用来规范每位员工的行为;另一方面又是企业的作业指导书,指导企业如何去生产、操作,以及发生问题时如何去处理。文件化的管理体系是管理体系存在的基础和证据,是规范生产和管理员工的行为,也是实现管理目标的依据。

管理体系文件具有法规性、唯一性、适用性、见证性等作用和特点。所谓法规性是指管理体系文件一经批准实施,就必须认真执行,文件如需修改,需按规定的程序执行,文件是评价管理体系实际运作符合性的依据。

1.文件编制的前提

体系文件的编写不是一蹴而就的,需要根据认证标准要求和企业特点进行相应准备,包括对文件编写的培训。需要对编写人员就管理体系标准中的文件管理要求、编写方法、文件编写原则、文件编写内容等进行培训。培训要做到对编写实践工作起到指导作用。文件编写工作应至少要做到以下几点。

(1)人员到位：概括地讲就是"一人组织，几人精通，全员参与"。文件编写首先指定一人进行编写任务的分配，构建认证企业管理体系文件的整体框架；由于文件要求专业技术性较高，参与编写的人员必须有关键几人既精通认证标准又熟悉认证产品的技术要求；全员参与是便于文件定稿后的实施工作。企业应对文件编写人员进行培训，组织学习体系文件编制原则和方法。企业的人员应分布在公司的各个主要部门，必要时涉及各关键岗位。

(2)明确标准：收集管理体系建立的标准、法律法规等，编写的文件需要做到同标准相符合，不能冲突。

(3)精心策划：根据管理体系覆盖范围内的产品和(或)服务需要达到的标准要求和产品消费市场的要求，识别与体系相关的管理活动、覆盖的职能部门，确定部门之间工作接口，明确各部门职责权限和工作内容，全面开展文件化体系的编写工作，同时确定文件化体系的编写格式。

(4)考虑体系兼容性：分析企业已实施的管理体系，考虑管理文件的兼容性，避免重复建立文件。

2. 文件编制的原则

(1)系统协调的原则

管理体系各要素之间具有一定的相互依赖、相互配合、相互促进和相互制约的关系，形成具有一定活动规律的有机整体。在编写管理体系文件时必须树立系统的观念，应站在系统的、全食品链的整体角度，如从种植/养殖场整体出发进行设计、编排，接口要严密、相互协调，构成一个有机的整体。

(2)科学合理的原则

管理体系文件的科学性主要体现在与标准的一致性，合理性则要求符合种植/养殖及管理工作的规律和特点，有利于管理方针的实现。

(3)可操作性的原则

管理体系文件编写时,始终要考虑到可操作性,便于实施、检查、记录和追溯。做到"该说的要说到,说到的一定做到",不要写入不切实际的内容。

3. 文件编制的内容

认证企业建立的体系文件包括管理手册、程序文件、作业指导书(规程、计划、方案等)、记录表格、外来文件(法律、法规、清单)等。编制的体系文件的数量,取决于企业本身的管理规模和管理水平。

4. 体系标准导入培训

为了让人力资源现状同企业的发展战略相匹配,使企业的人员在管理目标上达成共识,使各岗位人员具备高水平完成本职工作所需的知识、技能、态度、经验,能更好地完成管理体系的策划建立工作,需要开展管理体系标准导入培训。企业培训工作需要明确培训的对象、培训的内容(包括重点专项内容)、培训需要达到的效果等。

5. 资源的配置

在编制体系文件的同时,企业应按照行业的相关法律法规要求或相关方特定要求对生产场所进行硬件方面的资源配置。企业亦可向同行业在执行法律法规方面的优异者学习,深入做好法律法规要求等方面的比对工作,如食品加工行业的良好操作规范,应识别出自我硬件不足之处并进行硬件改进工作,做好工厂和车间的布局安排及硬件配置工作。

企业的资源配置需要和企业的战略发展定位相匹配,包括厂区、厂房、车间布局、生产线的设备设施、设备的选型和安装、实验室的布局与建造、生产工艺和产品执行标准、产品实现的专业技术能力、梳理加工工序的一致性水平、人员能力等。企业经过上述的识别和分析,进一步优化补充资源,使资源配置充分满足体系的要求。资源的配置还需要考虑资金的支持、完成资源补充的时间等因素。对于存在基地或处理场所的认证(如有机产品认证、良好农业规范认证等),还需要考虑种植/养殖基地的办公资源、库房资源(如农药库、肥料库、工器具库等)、各种标识牌、洗手消毒设施等的配置。

6.体系文件的编制

管理体系的建立包括确定管理体系覆盖的范围,确定企业从战略发展构想和发展目标基础上得出的管理体系的方针和目标,结合管理体系认证标准的要求从而梳理出企业实际生产及品质保障过程的作业流程和规范文件,适用时要将管理延伸到范围覆盖的基地(如有机产品认证、良好农业规范认证等)。管理体系的建立以体系文件的形式呈现,但文件化的表达形式不是唯一形式。

(1)编制完成体系文件

将准备建立的管理体系确定的范围进行文件化的表述。在编制管理体系文件时,应首先明确管理体系范围,包括产品、过程、场所及基地等。确定企业的管理体系范围,必要时在明确产品和生产线后,应重点明确已确定的产品和生产线所需参与的部门和人员。在管理手册等文件中明确表达管理体系的范围。

(2)体系文件审订

体系管理小组应对各项体系文件逐一进行评审、修订,还应系统化地评审体系文件的适宜性。

(3)体系文件批准发布

对经审核、批准的体系文件由企业最高管理者进行发布,并受控分发。

第三节　体系的实施

一　体系试运行

企业各部门按照管理体系的要求试运行管理体系,按照体系文件要求开展工作,收集对体系运行的意见和建议,提交体系管理小组修订文

件,使之能适宜企业特点。体系试运行至少3个月。对管理体系试运行过程中各部门和过程提出的修订意见和建议,由文件管理负责部门或人员按照标准的要求定期进行受控更改,以提升管理体系的适宜性。

二 体系实际运行

企业的各个部门、各级人员需要按照管理体系的要求开展日常管理和生产的实际运行工作。每项工作均需要有完成的目标、完成的路径、完成的方法及时间要求,完成的结果应有评价机制予以考核。文件是管理体系呈现的方式之一。企业需要按照管理体系的要求运行,重点关注体系在车间、生产场所、种植/养殖基地等基层的运转实施。农产品认证运行期适宜安排在农产品生产时(特别是包含基地的运转管理的情形)。

▶ 第四节 体系的保持和改进

改进是指改善过程的有效性和结果的活动,而持续改进是增强满足认证标准要求的符合性和有效性的循环活动。企业最高管理者需要关注体系的保持和改进,利用包括但不限于方针和目标的考核、数据分析、不合格的控制、内部审核、管理评审等手段持续改进管理体系。在此,重点描述内部审核、管理评审两项改进管理体系的活动。

一 内部审核

管理体系运行3个月以上,企业方可对体系实施内部审核,自我诊断体系与标准和运行实际情况的符合性。内部审核是企业对管理体系所有要素的全面自我审核,主要针对与管理体系有关的所有部门。内部审核工作由内部审核员完成,内部审核应确保客观公正。内部审核工作按照策划、实施、总结改进等几个环节完成,内部审核全过程的资料应按照文件管理要求归档保存备查。

（1）内部审核策划

内部审核策划应形成内部审核计划，根据拟审核的活动（过程）和区域的状况和重要程度，及以往内部审核的结果，由内部审核过程负责人员策划年度审核计划，经企业最高管理者批准。

（2）内部审核实施

按照内部审核计划安排的日程，实施内部审核。内部审核工作包括首次会议、开展内部审核及得出审核结论、末次会议等。首次会议的参会人员一般为企业的管理层、内部审核组成员及各部门负责人或过程负责人员，与会者签到，审核组长主持会议。会议内容：由组长介绍内部审核目的、准则和范围、计划、原则、组员和内部审核日程安排及其他有关事项。现场审核：内部审核组根据《内部审核检查表》对受审部门管理体系符合标准要求程度和执行情况进行现场审核，将体系运行效果及不符合项详细记录在检查表中；审核中发现不符合项时，应当场取得受审核部门陪同人员或负责人对不符合事实的确认，若出现意见分歧，审核员要耐心说明，仍有异议则由内部审核组长提请体系管理小组仲裁。内部审核时审核员要公正而又客观地对待问题。现场审核后，审核组长召开审核组会议，综合分析检查结果，依据标准、体系文件及有关法律法规要求，编写不合格项报告。末次会议参加人员主要有领导层、内部审核组成员及各部门管理人员或过程管理人员等，参会人员签到，审核组长主持会议。会议内容包括内部审核组长重申审核目的、准则和范围，报告审核中发现的管理体系运行中的优点和成绩，明确不符合项及不符合项的性质，提出完成纠正措施的要求及日期，并对企业管理体系运行状况做出总结。

（3）内部审核的总结改进

形成内部审核报告，跟踪内部审核不符合项的改进并确认改进工作的有效性，适时总结此次内部审核过程的优缺点，下次开展内部审核工作时，从策划、实施、检查、改进等4个环节融合此次总结的内容。现场审核后由内部审核组长完成《内部管理体系审核报告》，交体系推进小组对

其进行评审和批准。内部审核报告内容包括受审核部门、审核目的、审核范围;审核所依据的准则、文件和资料;审核概述包括现场审核活动实施的日期、地点等;审核发现包括不合格项目的数量、分布情况、严重程度等;审核结论包括评价意见和改进建议。《内部管理体系审核报告》发放至相关领导和部门,有要求时应对全体员工公示,并提交管理评审。跟踪和验证:被审核区域的负责人应针对收到的《内部审核不符合项报告》,及时制定纠正措施并实施。审核员负责对实施结果进行跟踪和验证,重点是针对审核发现的问题进行原因分析、整改并进行跟踪验证,防止再发生。验证结果需要填写在《内部审核不符合项报告表》相关栏目内并签名确认,同时附上各不符合项采取纠正措施的见证材料。

二　管理评审

由最高管理者主持管理评审,管理评审工作一般以会议的形式开展。各部门在召开管理评审会议前应准备会议上需要使用的材料,材料可以结合公司例会,对前阶段体系运行情况进行评价。管理评审报告应对体系试运行期间的适宜性、充分性和有效性进行综合评价,必要时采取纠正措施,持续改进管理体系。管理评审工作按照策划、实施、总结等几个环节开展。

(1)管理评审策划

每年至少进行一次管理评审,可结合内部审核后的结果进行,也可根据需要安排。每次管理评审前需编制《管理评审计划》,经企业最高管理者批准。计划的主要内容包括评审时间、评审目的、评审范围及评审重点、参加评审部门(人员)、评审依据、评审内容等。

(2)管理评审输入内容

策划和实施管理评审时应考虑下列内容:以往管理评审所采取的措施;与管理体系相关的内外部因素的变化;资源的充分性;应对风险和机遇所采取措施的有效性;改进的机会等。

管理体系绩效和有效性的信息包括:顾客满意和有关相关方的反

馈;管理目标的实现程度;过程绩效以及产品和服务的符合情况;不符合项及纠正措施;监视和测量结果;审核结果;外部供方的绩效。

(3)管理评审输出

管理评审的输出应包括与下列事项相关的决定和措施:改进的机会;管理体系所需的变更;资源需求。

由企业最高管理者主持管理评审会议,对会议的输入内容展开逐一的评审,按照标准要求输出的内容结合企业的实际运转效果,得出管理评审的输出结果。企业需要在管理评审末次会议结束后,由管理体系小组负责人根据管理评审输出的要求进行总结,编写《管理评审报告》,交企业最高管理者审批后发布执行。本次管理评审的输出可以作为下次管理评审的输入。作为管理评审输出的任何决定和措施应在企业内部得到充分沟通。

▶ 第五节　体系主要文件框架

一　体系手册

体系手册是阐明企业的管理体系方针并描述其管理体系的纲领性文件。可以根据公司现状结合管理体系标准特点,形成符合管理体系标准及企业实际特点的手册,如公司的方针、目标、管理体系覆盖的范围、组织机构分工、识别的内外部环境、相关方需求、过程清单,以及风险识别和应对措施,按照标准要求而展开的企业各要素管理综述等。

二　程序文件

根据管理体系标准要求建立程序文件。通常包括但不限于以下通用的程序文件:文件控制程序、记录控制程序、管理评审控制程序、人力资源控制程序、采购控制程序、内部审核控制程序、管理评审控制程序、

抱怨处理控制程序、产品召回控制程序、产品追溯性控制程序等。

(三) 作业指导书

企业需要制定相应的作业文件以实现管理目标,一般作业指导书分为操作性文件和规范性文件。企业根据管理体系的范围确定的管理体系运行过程,制定出相应的作业指导书,如顾客要求的评审、相关方能力的评价、生产过程的关键工序、重要设备设施的操作、最终产品的检验以及产品交付后的相关要求等。不同类型的有机农业生产或良好农业规范生产,根据其生产过程、环节和性质的不同,其操作规程会存在较大差异(如转换期的要求、平行生产的要求等)。作业指导书的目的是规定具体的作业活动方法,包括各种规定、计划、方案、工作制度等。必要时还包括:

(1)图纸。按照运行体系的要求,绘制相关的图纸,如地理位置图、厂区平面图、车间平面图等。图纸要符合企业实际情况,大小比例适中。

(2)各种检测报告。为证实体系运行满足标准要求,需收集各种检测报告,如相关方提供的报告、产品外检报告、人员能力报告、计量设施鉴定报告等。

(四) 体系运行记录清单

记录是提供满足管理体系要求的客观证据或管理体系运行效果的证据,证明体系确实完全按策划运行,并作为分析问题和纠正问题的依据,是一种提供客观证据的文件。体系运行的记录不宜过多和重复,要突出达到认证规范要求的重点。对于不影响产品性能和理化特点的工序,可根据情况确定是否设计和填写记录,确定填写的记录要反映产品的特点和过程属性,达到再现体系运行现状的目的,且前后工序记录能够对应,满足可追溯的要求。记录应受控管理,便于检索和查证。

五 法律法规清单

外来文件是企业实施运行管理体系过程中需要遵守的一系列法律法规和标准,包含引用标准。公司应适时识别和更新相关法律法规,并体现在体系的实际运行要求中。建议将企业使用的法律法规形成清单予以管理和更新,通常企业适用的法律法规清单包括法规规章、产品标准、检测方法标准、顾客和相关方的特殊要求等几个部分,包括基地管理运行的相关法律法规[如有机产品认证和良好农业规范认证的适用的最高残留限量(MRL)、农业农村部关于种植养殖相关规章等]。

第五章 绿色食品认证

《绿色食品标志管理办法》规定,绿色食品指产自优良生态环境、按照绿色食品标准生产、实行全程质量控制并获得绿色食品标志使用权的安全、优质食用农产品及相关产品。绿色食品的概念充分体现了绿色食品"从土地到餐桌"全程质量控制的基本要求和安全优质的本质特征。

经过近30年的发展,我国绿色食品从概念到产品,从产品到产业,从产业到品牌,从局部发展到全国推进,从国内走向国际;总量规模持续扩大,品牌影响力持续提升,产业经济、社会和生态效益日益显现,成为我国安全优质农产品的精品品牌;在推动农业标准化生产、提高农产品质量水平,促进农业提质增效、农民增收脱贫,保护农业生态环境、推进农业绿色发展等方面发挥了积极的示范引领作用。

▶ 第一节 申请绿色食品认证的条件

一 资质要求

申请使用绿色食品标志的生产主体,应当具备以下条件:

(1)能够独立承担民事责任,如企业法人、农民专业合作社、个人独资企业、合伙企业、家庭农场等,国有农场、国有林场和兵团团场等生产单位;

(2)具有稳定的生产基地,且具有一定生产规模;

(3)具有绿色食品生产的环境条件和生产技术;

（4）具有完善的质量管理体系，并至少稳定运行1年；

（5）具有与生产规模相适应的生产技术人员和质量控制人员；

（6）申请前3年内无质量安全事故和不良诚信记录；

（7）与绿色食品工作机构或检测机构不存在利益关系；

（8）完成国家农产品质量安全追溯管理信息平台注册。

二 认证申请要求

绿色食品申请产品应满足以下条件：

（1）应符合《中华人民共和国食品安全法》（以下简称"《食品安全法》"）和《中华人民共和国农产品质量安全法》（以下简称"《农产品质量安全法》"）等法律规定；

（2）应为现行《绿色食品产品标准适用目录》范围内产品；

（3）产品本身或产品配料成分属于卫生部发布的《可用于保健食品的物品名单》中的产品，需取得国家相关保健食品或新食品原料的审批许可后方可进行申报。

第二节　绿色食品生产全程质量控制要求

一 产品及产品原料产地环境质量要求

农业生态环境是指影响农业生产与可持续发展的水资源、土地资源、生物资源及气候资源等要素的总和，是农业存在和发展的根本前提，是人类生存和社会发展的物质基础。

绿色食品生产基地对生态环境的要求包括以下几点：一是应选择在生态环境良好、无污染的地区，远离工矿区和公路、铁路干线，避开污染源；二是应在绿色食品和常规生产区域之间设置有效的缓冲带或物理屏障，防止绿色食品生产基地受到污染；三是建立生物栖息地，保护基因多

样性、物种多样性和生态多样性，维持生态平衡；四是应保证基地具有可持续生产能力，不对环境或周边其他生物产生污染。

产品及产品原料产地环境质量（土壤、空气、灌溉用水、加工用水、养殖用水等）应按《绿色食品产地环境调查、监测和评价规范》（NY/T 1054—2021）检测评价，符合《绿色食品产地环境质量》（NY/T 391—2021）及绿色食品相关规定。

（二）肥料、农药、兽药、饲料、食品添加剂等投入品要求

绿色食品产品包括农林产品及其加工产品、畜禽类产品、水产品类、饮品类及其他产品等五大类，产品生产加工过程会涉及肥料、农药、兽药、食品添加剂等投入品的使用。投入品的使用应符合《绿色食品 农药使用准则》（NY/T 393—2020）、《绿色食品 肥料使用准则》（NY/T 394—2021）、《绿色食品 畜禽饲料及饲料添加剂使用准则》（NY/T 471—2018）、《绿色食品 兽药使用准则》（NY/T 472—2022）和《绿色食品 食品添加剂使用准则》（NY/T 392—2013）等相应的标准规定，生产中严格按照标准中规定的投入品品种、使用方法和使用剂量进行生产操作。

绿色食品生产中肥料施用要遵循持续发展原则、安全优质原则、化肥减控原则和有机为主原则。核心是在保障植物营养有效供给的基础上减少化肥用量，增施有机肥，兼顾元素之间的比例平衡。无机氮素用量不得高于当季作物需求量的50%，增加土壤肥力，提高生物活性，保护生态环境。

需要特别注意的是避免使用存在以下几种情况的肥料：一是添加有稀土元素的肥料；二是成分不明确的、含有安全隐患成分的肥料；三是未经发酵腐熟的人畜粪尿；四是生活垃圾、污泥和含有害物质（如毒气、病原微生物、重金属等）的工业垃圾；五是以转基因品种（产品）及其副产品为原料生产的肥料；六是国家法律法规规定不得使用的肥料。

绿色食品生产中农药使用要从保护农业生态环境出发，病虫草害防治优先考虑采用农业、物理和生物措施，必要时优先选择低毒、低风险农

药品种,提倡兼治和不同作用机制农药交替使用,尽量减少施用次数和延长安全间隔期。农药剂型宜选用悬浮剂、微囊悬浮剂、水剂、水乳剂、微乳剂、颗粒剂、水分散粒剂和可溶性颗粒剂等环境友好型剂型。《绿色食品农药使用准则》(NY/T 393—2020)中明确了绿色食品生产中允许使用的农药品种,且农药使用要严格按照农药登记使用范围、产品标签和农药合理使用准则使用。此外,绿色食品生产中允许使用的农药,其残留量要求不高于《食品安全国家标准 食品中农药最大残留限量》(GB 2763—2021),其他不允许使用农药的残留不应超过0.01毫克/千克。

绿色食品兽药使用应遵循以下基本原则:一是生产者应供给动物充足的营养,应按照《绿色食品产地环境质量》(NY/T 391—2021)提供良好的饲养环境,加强饲养管理,采取各种措施以减少应激,增强动物自身的抗病力;二是应按《中华人民共和国动物防疫法》的规定进行动物疾病的防治,在养殖过程中尽量不用或少用药物,确需使用兽药时,应在执业兽医指导下进行;三是所用兽药应来自取得生产许可证和产品批准文号的生产企业,或者取得进口兽药登记许可证的供应商;四是兽药的质量应符合《中华人民共和国兽药典》《兽药质量标准》《兽用生物制品质量标准》《进口兽药质量标准》的规定;五是兽药的使用应符合《兽药管理条例》和《兽药停药期规定》等有关规定,并建立用药记录。

绿色食品饲料及饲料添加剂的使用应遵循安全优质、绿色环保及以天然原料为主的原则。绿色食品生产中所使用的饲料和饲料添加剂应对养殖动物机体健康无不良影响,所生产的动物产品品质优,对消费者健康无不良影响;应对环境无不良影响,在畜禽和水产动物产品及排泄物中的存留量对环境也无不良影响,有利于生态环境和养殖业的可持续发展;提倡优先使用微生物制剂、酶制剂、天然植物添加剂和有机矿物质,限制使用化学合成饲料和饲料添加剂。

绿色食品所允许使用的食品添加剂不应对人体健康产生任何危害,不应掩盖食品腐败变质,不应掩盖食品本身或加工过程中的质量缺陷或以掺杂、掺假、伪造为目的而使用食品添加剂,不应降低食品本身的营养

价值,在达到预期的效果下尽可能降低在食品中的使用量,不得采用基因工程获得的产物。

(三) 绿色食品现场检查要求

绿色食品现场检查是指经中国绿色食品发展中心(以下简称"中心")核准注册且具有相应专业资质的绿色食品检查员依据绿色食品技术标准和有关法规对绿色食品申请人提交的申请材料、产地环境质量、产品质量等实施核实、检查、调查、风险分析和评估并撰写检查报告的过程。

检查时间应安排在申请产品的生产、加工期间(如从种子萌发到产品收获的时间段、从母体妊娠到屠宰加工的时间段、从原料引进到产品包装的时间段)的高风险时段进行,不在生产、加工期间的现场检查为无效检查。

现场检查应覆盖所有申请产品,因生产季节等原因未能覆盖的,应在未覆盖产品的生产季节内实施补充检查。省级绿色食品工作机构根据申请产品类别,委派至少2名具有相应资质的检查员组成检查组,必要时会配备相应领域的技术专家。现场检查包括首次会议、实地检查、查阅文件记录、随机访问和总结会等5个环节,其中查阅文件记录、随机访问两个环节贯穿现场检查的始终。申请人要根据现场检查计划做好人员安排,现场检查期间,主要负责人、绿色食品生产负责人、技术人员、内检员、库管人员要在岗,各相关记录、档案随时备查阅。对于现场检查中发现的问题,申请人应在规定的期限内予以整改,由于客观原因(如农时、季节、生产设备改造等)在短期内不能完成整改的,申请人应对整改完成的时限做出承诺。

(四) 绿色食品产品及其质量标准要求

绿色食品应按相应的产品质量标准所确定的项目和指标检测均达合格标准。绿色食品产品质量标准是根据产品的生物学属性、功能属性和生产工艺属性等分类制定的。目前有效的产品质量标准有126项,基本涵盖商标局核准的绿色食品标志商品范围。每项产品质量标准分别与产地环境、投入品使用准则和包装、贮运标准相协调,制定每类产品的感官、理化及农药残留、兽药残留、食品添加剂和微生物等具体项目和指标。项目和指标的确定除与国家食品安全标准相协调外,主要参考CAC、欧盟、美国和日本等国际标准,指标限值严于或相当于国家标准。经多年实际应用,绿色食品产品的高标准要求在技术上切实可行,为提升我国食品安全整体水平提供了技术依据。

(五) 绿色食品预包装食品标签设计要求

绿色食品预包装应符合《食品标识管理规定》、《食品安全国家标准 预包装食品标签通则》(GB 7718—2011)、《食品安全国家标准 预包装食品营养标签通则》(GB 28050—2011)等标准要求;标签上的生产商名称、产品名称、商标、产品配方等内容应与申请材料一致;标签上的绿色食品标志设计样应符合《中国绿色食品商标标志设计使用规范手册》要求,且应标示企业信息码。申请人可在标签上标示产品执行的绿色食品标准,也可标示其执行的其他标准,非预包装食品不需提供产品包装标签。

(六) 产品包装、贮藏和运输要求

产品包装、贮藏和运输要符合《绿色食品 包装通用准则》(NY/T 658—2015)和《绿色食品 贮藏运输准则》(NY/T 1056—2021)的规定。在《绿色食品 包装通用准则》(NY/T 658—2015)中要求包装减量化,包装材料可重复利用、可回收或可降解,包装表面不允许涂蜡、上油等,突出环境友好和食品安全要求。《绿色食品 贮藏运输准则》(NY/T 1056—2021)是对绿色食品贮藏和运输条件的要求,确保绿色食品避免贮藏、流通环境的二次污染。

(七) 绿色食品企业年度检查

绿色食品企业年度检查(以下简称"年检")是指绿色食品工作机构对辖区内获得绿色食品标志使用权的企业在一个标志使用年度内的绿

色食品生产经营活动、产品质量及标志使用行为实施的监督、检查、考核、评定等。

年检工作由省级工作机构负责组织实施,省级工作机构应根据本地区的实际情况,制定年检工作实施办法,并报中心备案;建立完整的年检工作档案,年检档案至少保存3年。省级工作机构应于每年12月20日前,将本年度年检工作总结和《核准证书登记表》电子版报中心备案。中国绿色食品发展中心对各地年检工作进行督导、检查。

年检的主要内容是通过现场检查企业的产品质量及其控制体系状况、规范使用绿色食品标志情况和按规定缴纳标志使用费情况等。省级工作机构根据年度检查结果以及国家食品质量安全监管部门和行业管理部门抽查结果,依据绿色食品管理相关规定,分别做出年检合格、整改、不合格等结论,并通知企业。年检结论为合格的企业,省级工作机构应在规定工作时限内完成核准程序,在合格产品证书上加盖年检合格章;年检结论为整改的企业,必须于接到通知之日起一个月内完成整改,并将整改措施和结果报告省级工作机构,省级工作机构应及时组织整改验收并做出结论;年检结论为不合格的企业,省级工作机构应直接报请中心取消其标志使用权。

(八) 绿色食品标志市场监察

绿色食品标志市场监察是对市场上绿色食品标志使用情况的监督检查。市场监察是对绿色食品认证后质量监督的重要手段和工作内容,是各级绿色食品工作机构及标志监管员的重要职责。中国绿色食品发展中心负责全国绿色食品标志市场监察工作;省及省以下各级工作机构负责本行政区域的绿色食品标志市场监察工作。

市场监察工作在中国绿色食品发展中心统一组织下进行,每年集中开展一次,原则上每年监察行动于4月15日启动,11月底结束。每次行动由各地工作机构按照中心规定的固定市场监察点,以及各地省级工作机构自主选择的流动市场监察点,对各市场监察点所售标称绿色食品的产品实施采样监察。

市场监察工作按照以下程序进行:工作机构组织有关人员根据产品采样要求对各监察点所售标称绿色食品的产品进行采样、登记、疑似问题产品拍照,将采样产品有关信息在绿色食品审核与管理系统录入上传;再将采购样品的发票和购物小票的复印件于采样后1个月内寄送中国绿色食品发展中心。中心对各地报送的采样信息逐一核查,对存在不同问题的产品于6月底前分别做出处理,并于当年11月底将市场监察结果向全国绿色食品工作系统通报。

九 绿色食品产品质量年度抽检

产品抽检是指中国绿色食品发展中心对已获得绿色食品标志使用权的产品采取的监督性抽查检验。产品抽检工作由中国绿色食品发展中心制订抽检计划,委托相关绿色食品产品质量检测机构按计划实施,省及市、县绿色食品工作机构予以配合。

中国绿色食品发展中心于每年2月底前制订产品抽检计划,并下达有关检测机构和省级工作机构。检测机构应按照绿色食品相关标准规范及时组织抽样与样品检测,出具检验报告,检验报告结论要明确、完整,检测项目指标齐全,检验报告应以特快专递方式分别送达中国绿色食品发展中心、有关省级工作机构和企业各一份。检测机构最迟应于标志年度使用期满前3个月完成抽检,并于每年12月20日前将产品抽检汇总表及总结报送中国绿色食品发展中心。检测机构必须承检中心要求检测的项目,未经中国绿色食品发展中心同意,不得擅自增减检测项目。对当年应续展的产品,检测机构应及时抽样检验并将检验报告提供给企业,以便作为续展审核的依据。

企业对检验报告如有异议,应于收到报告之日起(以收件人签收日期为准)5日内向中心提出书面复议(复检或仲裁)申请,未在规定时限内提出异议的,视为认可检验结果。对检出不合格项目的产品,检测机构不得擅自通知企业送样复检。

省级工作机构对辖区内的绿色食品质量负有监督检查职责,应在中心下达的年度产品抽检计划的基础上,结合当地实际编制自行抽检产品的年度计划,填写《绿色食品省级工作机构自行抽检产品备案表》,一并报送中国绿色食品发展中心备案。经在中国绿色食品发展中心备案的抽检产品,其抽检工作视同中心组织实施的监督抽检。

省级工作机构自行抽检产品的检验项目、内容,不得少于中国绿色食品发展中心年度抽检计划规定的项目和内容。省级工作机构自行抽检的产品必须在绿色食品定点检测机构进行检验,检测机构应出具正式检验报告,并将检验报告分别送达省级工作机构和企业。产品抽检不合格的企业,省级工作机构要及时上报中国绿色食品发展中心,由中国绿色食品发展中心做出整改或取消其标志使用权的决定。

▶ 第三节　案例分析

一 企业介绍

安徽王仁和米线食品有限公司坐落在安徽省合肥市肥西县紫蓬镇工业聚集区内,坚守"吃干榨尽每粒米,只为一碗好米线"的使命,已成为同行业中的佼佼者。企业2017年导入绿色食品的模式,在农业种植、食品生产方面取得了重大成绩,实现了"从田园到餐桌"全产业链模式的现代化、标准化、规模化、品牌化。

二 认证介绍

1.产品:"过桥米线"

"过桥米线"属于加工产品类。2017年经中国绿色食品发展中心首次认定为绿色食品A级产品,许可使用绿色食品标志。2020年续展为绿色食品A级产品,延续使用绿色食品标志。

2.认证流程

由公司提出申请→县市农业农村局初审确认→省农业农村厅绿色食品办公室复核审定→中国绿色食品发展中心审核认定认证。

公司提交各种申报材料：绿色食品申请书、加工产品调查表、营业执照、食品生产许可证及明细表、商标注册证、所在地行政区域图、厂区周边环境布局图、加工厂区内部布置图、车间内部设备布局图、原材料采购协议、年采购合同与发票、原材料绿色证书、绿色产品投料生产和成品入库记录、预包装食品标签设计样张。

市农业农村局出具绿色食品申请受理通知书、绿色食品受理审查报告、绿色食品现场检查通知书、绿色食品现场检查意见通知书，派专人现场审核审定质量管理体系、厂区环境质量、生产加工、主辅料和米线零添加、包装与贮运、废弃物处理及环境保护措施、绿色食品标志使用情况、产量统计。

绿色食品省级工作机构出具审核报告。

中国绿色食品发展中心审核认定。

三 经济效益和社会效益

1.经济效益

一是每份"过桥米线"价格远高于普通米线价格，提高了附加值，在销售存量基础上增添了收入；二是绿色食品品牌效应突出，带来销售增量，创收效益明显。

2.社会效益

一是为广大消费者提供了安全、健康的食品；二是增加了税收，增添国家财政收入；三是增加了工作岗位，增添社会就业机会，目前公司已带动周边800余人就业，且人均收入在4 000元/月。在地方经济的发展、就业问题的解决及精准扶贫等方面做出了一定的贡献。

第六章 有机产品认证

有机农业生产是遵循特定的生产原则,在生产中不采用基因工程获得的生物及其产物,不使用化学合成的农药、化肥、生长调节剂、饲料添加剂等物质,遵循自然规律和生态学原理,协调种植业和养殖业的平衡,采用一系列可持续的农业技术,以维持持续稳定的农业生产体系的一种农业生产方式。

发展有机产业应遵循"健康、生态、公平、关爱"四大原则。我国有机产品认证体系由《有机产品认证管理办法》《有机产品认证实施规则》和《有机产品生产、加工、标识与管理体系要求》(GB/T 19630—2019)等文件组成。《有机产品生产、加工、标识与管理体系要求》(GB/T 19630—2019)是现行有效的国家标准,规定了有机产品认证的基本要求。

▶ 第一节 申请有机产品认证的条件

一 资质要求

(1)认证委托人及其相关方应取得相关法律法规规定的行政许可(适用时),其生产、加工或经营的产品应符合相关法律法规、标准及规范的要求,并应拥有产品的所有权。企业的合法经营资质证明一般包括营业执照、生产许可证、土地使用权证明、排污许可证、捕捞证、养殖证、种畜禽生产许可证、动物防疫合格证等。

(2)认证委托人建立并实施了有机产品生产、加工和经营管理体系,并有效运行3个月以上。

（3）申请认证的产品应在认监委公布的《有机产品认证目录》内。

（4）认证委托人及其相关方在5年内未因以下情形被撤销有机产品认证证书：①提供虚假信息；②使用禁用物质；③超范围使用有机认证标志；④出现产品质量安全重大事故。

（5）认证委托人及其相关方1年内未因除（4）所列情形之外其他情形被认证机构撤销有机产品认证证书。

（6）认证委托人未列入"国家企业信用信息系统"严重失信主体相关名录。

二 认证申请要求

根据《有机产品认证实施规则》（CNCA-N-009：2019）的要求，有机产品生产经营企业应具备以下条件：

（1）企业及其有机生产、加工、经营的基本情况：①认证委托人名称、地址、联系方式；不是直接从事有机产品生产、加工的认证委托人，应同时提交与直接从事有机产品的生产、加工者签订的书面合同的复印件及具体从事有机产品生产、加工者的名称、地址、联系方式。②生产单元/加工/经营场所概况。③申请认证的产品名称、品种、生产规模（包括面积、产量、数量、加工量等）；同一生产单元内非申请认证产品和非有机方式生产的产品的基本信息。④过去3年的生产情况说明材料，如植物生产的病虫害防治、投入物使用及收获等农事活动描述；野生植物采集情况的描述；动物、水产养殖的饲养方法、疾病防治、投入物使用、动物运输和屠宰等情况的描述。⑤申请和获得其他认证的情况。

（2）产地（基地）区域范围描述，包括地理位置坐标、地块分布、缓冲带及产地周围邻近地块的使用情况；加工场所周边环境描述、厂区平面图、工艺流程图等。

（3）管理手册和操作规程。

（4）本年度有机产品生产、加工、经营计划，上一年度有机产品销售

量与销售额(适用时)等。

(5)承诺守法诚信,接受认证机构、认证监管等行政执法部门的监督和检查,保证提供材料真实、执行有机产品标准和有机产品认证实施规则相关要求的声明。

(6)有机转换计划(适用时)。

(7)野生采集需提供野生采集的许可证明文件以及采集者清单(包括姓名、采集区域、采收量等),当地行业部门出具的野生区域有害生物控制措施及未使用禁用物质的证明(特别是采集区域发生飞播控制虫害时)。

(8)新开垦的土地必须出具监管部门的开发批复和过去3年内未使用违禁物质的情况证明。

(9)认证机构的其他要求。

▶ 第二节 生产、加工、经营管理要求

一 质量管理体系要求

1.体系文件

体系文件主要由生产场所的位置图、有机产品管理手册、操作规程及记录四部分组成。体系文件是有机生产的指导规范性文件,各岗位所使用的文件应该是统一的,并且是最新的、有效的。

(1)生产场所的位置图

位置图绘制时应至少注意以下6个方面问题:①区域分布;②水源;③周边环境状况及常年主导风向;④车间;⑤仓库布局;⑥隔离区域状况和表明生产单元特征的标识物。

在实际绘制位置图时,应不仅局限于上述6个方面,还应根据当地的具体情况,对一些可能会对有机生产或加工带来影响的事物进行标注,

如处于上风向的工厂、邻近的交通干道等。

需要注意位置图应按一定的比例绘制。当生产状况发生变化时,位置图应及时更新,并能反映出生产的实际状况及变化的情况。

地块图标识的内容:形状、面积、作物、比例、方向、风向、水源、水渠、图例、隔离带(种类、宽度)、农户和农户面积、主要的永久性的标识物等。

(2)有机产品管理手册

有机产品管理手册是证实或描述文件化有机产品管理体系的一般形式,是阐明企业相关有机管理方针和管理目标的文件。有机产品质量管理手册应涉及企业全部有机产品生产活动,应包括但不限于以下内容:①有机产品生产、加工、经营者的简介;②有机产品生产、加工、经营者的管理方针和目标;③管理组织机构图及相关岗位的责任和权限;④有机标识的管理;⑤可追溯体系与产品召回;⑥内部检查;⑦文件和记录管理;⑧客户投诉的处理;⑨持续改进体系等。

(3)操作规程

操作规程是用以描述集体岗位或工作现场如何完成某项工作任务的具体做法或规范的技术操作。操作规程应覆盖整个生产过程。

①有机产品作物生产(分作物)

a.品种选择和应用的程序:品种、品种特性、育种单位、种子经销商、种子选购的管理等;

b.肥料:来源、处理方法(配料、堆肥和堆肥记录)、成分、使用方法(时间、量和方式);

c.病虫害防治:病虫害调查方法、种类、发生规律、控制方法(针对性)、药剂(种类、来源、依据、使用时间、使用数量、次数、交替和混用程序);

d.收获(采收)、运输、包装程序。

②有机养殖规程(分品种)

a.繁殖或引种规程;

b.动物营养:饲料、饲料添加剂种类、来源、配方、比例(日粮和总量)、

效果等;

c.动物疫病:种类、影响因素、措施、药物等;

d.动物福利:生活环境、生理满足、精神刺激、安全保障等。

③一般规程

a.平行生产管理规程;b.储藏管理;c.包装管理;d.畜禽运输要求;e.畜禽屠宰要求;f.加工机械维护;g.清扫规定;h.标签使用规定;i.员工福利和劳动保护方面规定,如员工清洁要求、员工健康检查要求、员工着装要求等。

(4)记录

有机产品生产、加工、经营者应建立并保持记录,记录应清晰准确,能为有机生产、加工、经营活动提供有效证据,各项有机记录应至少保存5年。记录应包括但不限于以下内容:①生产单元的历史记录和使用禁用物质的时间及使用量;②种子、种苗、种畜禽等繁殖材料的种类、来源、数量等信息;③肥料生产过程记录;④土壤培肥施用肥料的类型、数量、使用时间和地块;⑤病虫害控制物质的名称、成分、使用原因、使用量和使用时间;⑥动物养殖场所有进入、离开该单元动物的详细信息(品种、来源、识别方法、数量、进出日期、目的地等);⑦动物养殖场所有药物的使用情况,包括产品名称、有效成分、使用原因、用药剂量,被治疗动物的识别方法、治疗数目、治疗起始日期、销售动物或其产品的最早日期;⑧动物养殖场所有饲料和饲料添加剂的使用详情,包括种类、成分、使用时间及数量等;⑨所有生产投入品的台账记录(来源、购买数量、使用去向与数量、库存数量等)及购买单据;⑩植物收获记录,包括品种、数量、收获日期、收获方式、生产批号等;⑪动物产品的屠宰、捕捞、提取记录;⑫加工记录,包括原料购买、入库、加工过程、包装、标识、储藏、出库、运输记录等;⑬加工厂有害生物防治记录和加工、贮存、运输设施清洁记录;⑭销售记录及有机标识的使用管理记录;⑮培训记录;⑯内部检查记录等。

2.资源管理

为了确保有机生产活动能够按照相关法律法规和标准顺利进行,应具备必要的物质和人力资源,其中包括运营资金、田地、厂房、设备等物质条件,还有管理人员(管理者)、技术人员和生产操作者等。

3.内部检查

企业要建立由内部检查员来承担的内部检查制度,以定期验证企业所进行的有机活动管理和有机生产、加工及经营等活动本身是否达到国家相关法律法规和标准对有机生产的要求。

4.可追溯体系与产品召回

从事有机生产、加工及经营的申请人必须建立可追溯体系和召回制度。这一体系的建立是为了对生产过程和产品流向进行实时控制,即当产品出现问题时,可依据相关记录追踪到生产、运输、加工、贮藏、包装等所有环节并找到产生问题的原因,如地块图、农事活动记录、加工记录、仓储记录、出入库记录、销售记录等,以及可跟踪的生产批号系统。产品召回管理规定应符合《食品召回管理办法》,每年度要至少进行产品召回演练一次。

5.投诉

有机产品生产、加工、经营者应当建立处理客户投诉的程序,配备人员负责处理投诉的工作,有效实施投诉的接受、登记、调查、跟踪、反馈等环节,对这些环节进行记录,并保存记录,要将处理投诉过程中得到的信息,反馈到生产、加工、经营环节,进一步提升产品和服务的质量。

6.持续改进

有机产品生产、加工、经营者应当通过各种方式对管理体系的有效性进行持续改进。方式主要是通过利用预防措施和纠正措施,但不仅限于此。对比质量方针、质量目标的落实情况,生产数据的分析,内部检查和认证机构审核结果,以及管理评审等,都可以成为企业对自身管理体系进行持续改进的工具。持续改进可分为日常的渐进式改进和重大突破式改进。

二 产地环境要求

产地环境有如下要求：

（1）有机产品植物生产需要在适宜的环境条件下进行，生产基地应远离城区、工矿区、交通主干线、工业污染源、生活垃圾场等，并宜持续改进产地环境。产地的环境质量应符合以下要求：①在风险评估的基础上选择适宜的土壤，并符合《土壤环境质量 农用地土壤污染风险管控标准（试行）》(GB 15618—2018)的要求；②农田灌溉用水水质符合《农田灌溉水质标准》(GB 5084—2021)的规定；③环境空气质量符合《环境空气质量标准》(GB 3095—2012)的规定。

（2）畜禽饮用水水质应达到《生活饮用水卫生标准》(GB 5749—2022)的要求。

（3）水产养殖的水域水质应符合《渔业水质标准》(GB 11607—1989)的规定。

（4）有机食品加工厂应符合《食品安全国家标准 食品生产通用卫生规范》(GB 14881—2013)的要求，其他有机产品加工厂应符合国家及行业部门的有关规定。

企业或其生产、加工操作的分包方应出具有资质的监测（检测）机构对产地环境质量进行的监测（检测）报告，对于产地环境空气质量可对县级以上（含县级）环境保护部门公布的当地环境空气质量信息或出具的其他证明性材料进行评估，以证明产地的环境质量状况符合《有机产品生产、加工、标识与管理体系要求》(GB/T 19630—2019)的规定。当地环境空气质量信息可在当地生态环境部门网站上获取。

三 产品检测和评价要求

产品检测和评价有以下3点要求：

（1）应对申请生产、加工认证的所有产品抽样检验检测，必要时可对其生长期植物组织进行抽样检测，在风险评估基础上确定需检测的项目。如果企业生产的产品仅作为该委托人认证加工产品的唯一原料,且经认证机构风险评估后原料和终产品检测项目相同或相近时,则应至少对终产品进行抽样检测。认证证书发放前无法采集样品并送检的,应在证书有效期内安排检验检测并得到检验检测结果。

（2）应委托具备法定资质的检验检测机构进行样品检测。

（3）有机生产或加工中允许使用物质的残留量应符合相关法律法规或强制性标准的规定。

四 现场检查要求

（1）对现场检查过程。①对生产、加工过程、产品和场所的检查,如生产单元有非有机生产、加工或经营时,也应关注其对有机生产或加工的可能影响及控制措施;②对生产、加工、经营管理人员、内部检查员、操作者进行访谈;③对《有机产品生产、加工、标识与管理体系要求》(GB/T 19630—2019)所规定的管理体系文件与记录进行审核;④对认证产品的产量与销售量进行衡算;⑤对产品追溯体系、认证标识和销售证的使用管理进行验证;⑥对内部检查和持续改进进行评估;⑦对产地和生产加工环境质量状况进行确认,评估对有机生产、加工的潜在污染风险;⑧采集必要的样品等。

（2）对有机转换产品的检查。①多年生作物存在平行生产时,企业应制定有机产品转换计划,并事先获得认证机构确认。在开始实施有机产品转换计划后,每年须经认证机构派出的检查组核实、确认。未按转换计划完成转换并未经现场检查确认的地块不能获得认证。②未能保持有机产品认证的生产单元,需重新经过有机产品转换才能再次获得有机产品认证。③有机产品认证转换期起始日期不应早于认证机构受理申请之日。

（3）对投入品的检查。有机产品生产或加工过程中允许使用《有机产品生产、加工、标识与管理体系要求》(GB/T 19630—2019)附录列出的物质。

▶ 第三节　案例分析

一　总体介绍

祥源祁红茶业公司于2011年通过流转的方式,在祁门县历口镇环砂村流转茶园400多亩(1亩≈666.67平方米),于2016年导入有机种植模式。使用有机管理办法,以农业防治为基础,大力推行生态调控、生物防治、物理防治、科学用药等绿色防控技术,推广使用有机肥、农家肥,从而加快茶园生态系统恢复,从根本上加强茶园自我调控能力,促进茶园有机生态可持续健康发展。

二　特色做法

农业防治:主要是结合茶园的有效管护,通过定期人工锄草深耕、科学施肥、合理修剪、分批采摘、适时封园等方式,从客观环境上控制并预防茶叶病虫害的发展。

生物防治:主要是结合农业栽培管理措施,发挥自然调控能力,优化茶园内部及周边的生态环境,保持茶园生态系统平衡和生物的多样性,形成了以茶为主的生物多样性立体生态示范茶园。

物理防治:在诱杀茶园害虫时,充分考虑了其趋向性。诱杀茶黑刺粉虱与茶小绿叶蝉可采用黄、绿色诱虫板;诱杀卷叶蛾、茶毛虫等害虫采用太阳能杀虫灯。此外,同步结合采用人工捕杀措施。

化学防治:当茶园病虫害现象严重时,且在前几个防治措施均无效果的前提下,方可考虑采用化学防治措施,主要是通过科学选用植物源农药、矿物源农药和微生物农药,适时用药,合理喷施,严格控制安全间隔期,以减少农药残留带来的风险。

科技手段的运用:公司率先引入智慧茶园系统,充分发挥物联网+水肥一体化+"四情"监测系统的作用,结合茶园环境指标,定时、定量、精准供水、喷肥。通过茶园"四情"监测系统,对茶园的土壤墒情、农业气象、虫情、病情等各类环境信息进行监测及分析,给出及时预警与发布,指导茶园做好防范措施。

三 工作成效

祥源茶园基地通过多年持续地推进上述防治技术,并已通过中国质量认证中心的有机认证。

茶园在应用有机种植模式的同时,配合有效的管理,有利于改善茶园生态系统,降低虫害种群与虫口数量,直至不使用农药。这样不仅提升了茶叶产量及质量,而且有效保护了生态环境,最终提高了茶叶产业的经济效益、生态效益和社会效益,对茶产业长远可持续发展具有战略性意义。

目前产品销量较高,营业收入每年持续增长。由此实现带动周边农户人均年增收 2 000 元以上,更好地解决了当地农户在农闲季节务工难的问题,为地方经济的发展、就业问题的解决及精准扶贫等做出了一定的贡献。

第七章

良好农业规范认证

食品安全不仅关系到消费者的身体健康和生命安全,而且还直接或间接影响食品农产品行业的健康发展。作为食品链的初端,作物、畜禽、水产和蜜蜂的种植和养殖过程直接影响农产品及其加工产品的安全水平。

良好农业规范(GAP)标准是采用危害分析与关键控制点(HACCP)的方法,针对种植、养殖关键环节和外来投入品进行风险识别和分析评价,从而提出一整套的控制管理方法。它不仅关注食品安全危害,还对农业可持续发展及环境保护提出要求,对员工个人的职业健康、安全和福利以及动物福利也提出了很高的期望,希望达到农业生产、环境保护和员工健康安全的协调统一。

由于生产技术条件落后或管理落后都有可能造成食品安全事故和员工伤害,因此,必须通过加强食品安全风险管理,在食品链初端建立和实施良好农业规范标准体系,辅之以技术手段,才能最大限度地减少食品安全事故、员工伤害事故的发生。

▶ 第一节 申请良好农业规范认证的条件

一 资质要求

(1)申请良好农业规范认证的企业或个人,首先要能对生产过程和产品负法律责任。

（2）应在国家市场监督管理部门或有关机构注册登记。若为自然人申请认证，首先应取得国家公安机关颁发的居民身份证。

（3）必要的时候，应取得相关法规规定的行政许可（如生产许可证等）。

（4）企业及其相关方生产、处理的产品符合相关法律法规、质量安全卫生技术标准及规范的基本要求。

（5）认证申请人及其相关方在过去1年内未出现产品质量安全重大事故及滥用或冒用良好农业规范认证标志宣传的事件。

（6）认证申请人及其相关方1年内未被认证机构撤销认证证书。

（7）未被国家企业信用信息公示系统列入"严重违法失信企业名单"。

二 认证申请要求

1. 认证申请人信息

认证申请人应向认证机构至少递交认证申请人基本信息，如申请人名称、地址、电话和统一社会信用代码证（如果为自然人，则提供身份证号码）等。同时还要提供联系人的相关信息，如姓名、职务、地址、联系电话等。

2. 生产场所或产品处理场所信息

认证申请人如不是产品生产和（或）处理的直接管理者，还应提供生产场所和（或）产品处理场所的联系人姓名、职务、注册地址、邮政地址和联系电话等信息。如生产者为企业法人，还应提供社会统一信用代码证。

所有生产场所和产品处理场所（如种植单元、养殖场、池塘等）应提供地理坐标，并由认证机构输入到"中国食品农产品认证信息系统"。

3. 产品信息

产品信息包括申请认证产品种类、平行生产情况、分包活动情况、生产数量信息、认证选项、每类产品申请的认证机构、预期消费国家或地区。

生产数量信息涵盖所有认证品类。如作物类产品，应提供每年的生产面积（公顷）；畜禽类产品应提供年出栏量及生产量；水产类产品应提供每年生产量；蜜蜂类应提供蜜蜂养殖数量（群）和蜂产品产量（吨）。

作物类产品除提供生产数量信息之外,还应说明是否为露天种植和初次收获产品和再次收获的产品信息。对于水果和蔬菜还应包括产品处理信息以及分包方信息。如认证包含产品处理,应声明是否也为另一获得良好农业规范认证的农业生产者的产品进行处理。

4.认证申请人及其良好农业规范生产、处理、储藏的基本情况

为便于认证机构对认证申请人有一个基本的了解,认证申请时应提供一份公司简介,描述企业的经营历史,产品生产、处理场所历史信息及位置,临近生产区域周围环境情况,计划生产的产品名称及产品生产、处理、储藏基本流程。

5.认证申请人良好农业规范种植/养殖规范性文件或良好农业规范管理体系文件(适用时)

按照标准要求,认证企业应按照标准要求建立和实施文件化的种植/养殖的操作规程,对于农业生产经营者组织和建立质量管理体系的多场所还应建立质量管理体系文件,并在初次检查前至少有3个月的完整记录。操作规程和质量管理体系文件应在风险评估的基础上制定,应与企业实际生产相符合。

6.认证申请人的产品消费国家/地区名单及其残留限量要求

认证申请人应识别产品预期消费地的法律法规要求,确保产品满足消费地有关的残留限量要求。建立药物残留监控计划,记录用药信息,制定可用药清单,杜绝禁用药,远离限制类用药,定期取样检测。

▶ 第二节 生产经营企业质量管理要求

一 产地环境要求

生产基地应远离城区、工业污染源、生活垃圾场等场所,通过提供基地环境质量检测报告以确认符合相应标准要求。

1. 种植基地的环境质量应符合的规定

(1)土壤环境质量符合《土壤环境质量 农用地土壤污染风险管控标准(试行)》(GB 15618—2018)中的规定;

(2)农田灌溉用水水质符合《农田灌溉水质标准》(GB 5084—2021)的规定;

(3)农产品处理或除尘用水符合《生活饮用水卫生标准》(GB 5749—2022)的规定;

(4)环境空气质量符合《环境空气质量标准》(GB 3095—2012)中二级标准的规定。

2. 畜禽养殖基地的环境质量应符合的规定

(1)养殖用水应符合《生活饮用水卫生标准》(GB 5749—2022)的规定;

(2)排污用水应符合《畜禽养殖业污染物排放标准》(GB 18596—2001)的规定。

3. 水产养殖基地的环境质量应符合的规定

(1)《生活饮用水卫生标准》(GB 5749—2022);

(2)《渔业水质标准》(GB 11607—1989);

(3)《饲料卫生标准》(GB 13078—2017)。

4. 蜜蜂养殖基地的环境质量应符合的规定

(1)环境空气质量符合《环境空气质量标准》(GB 3095—2012)中二级标准的规定;

(2)水源应符合《无公害食品畜禽饮用水水质》(NY 5027—2008)的规定。

二 产品检测和评价要求

良好农业规范认证申请人应识别出产品预期消费地的法律法规、标准及与客户签订的合同要求,应做到:

(1)识别产品消费地法规、最高农残限量标准(MRL)并形成清单;

(2)提供产品消费地声明;

(3)确定植保产品、兽药等投入品符合要求；

(4)根据风险评估结果,确定药物残留检测项目并抽样检测；

(5)药物残留超标时所采取的补救措施。

三 现场检查要求

1.认证标准的选择及使用

良好农业规范系列国家标准共有19项,分别是:

(1)《良好农业规范 第2部分:农场基础控制点与符合性规范》(GB/T 20014.2—2013);

(2)《良好农业规范 第3部分:作物基础控制点与符合性规范》(GB/T 20014.3—2013);

(3)《良好农业规范 第4部分:大田作物控制点与符合性规范》(GB/T 20014.4—2013);

(4)《良好农业规范 第5部分:水果和蔬菜控制点与符合性规范》(GB/T 20014.5—2013);

(5)《良好农业规范 第6部分:畜禽基础控制点与符合性规范》(GB/T 20014.6—2013);

(6)《良好农业规范 第7部分:牛羊控制点与符合性规范》(GB/T 20014.7—2013);

(7)《良好农业规范 第8部分:奶牛控制点与符合性规范》(GB/T 20014.8—2013);

(8)《良好农业规范 第9部分:猪控制点与符合性规范》(GB/T 20014.9—2013);

(9)《良好农业规范 第10部分:家禽控制点与符合性规范》(GB/T 20014.10—2013);

(10)《良好农业规范 第12部分:茶叶控制点与符合性规范》(GB/T 20014.12—2013);

(11)《良好农业规范 第13部分:水产养殖基础控制点与符合性规

范》（GB/T 20014.13—2013）；

（12）《良好农业规范 第14部分：水产池塘养殖基础控制点与符合性规范》（GB/T 20014.14—2013）；

（13）《良好农业规范 第15部分：水产工厂化养殖基础控制点与符合性规范》（GB/T 20014.15—2013）；

（14）《良好农业规范 第16部分：水产网箱养殖基础控制点与符合性规范》（GB/T 20014.16—2013）；

（15）《良好农业规范 第17部分：水产围栏养殖基础控制点与符合性规范》（GB/T 20014.17—2013）；

（16）《良好农业规范 第18部分：水产滩涂/吊养/底播养殖基础控制点与符合性规范》（GB/T 20014.18—2013）；

（17）《良好农业规范 第25部分：花卉和观赏植物控制点与符合性规范》（GB/T 20014.25—2013）；

（18）《良好农业规范 第26部分：烟叶控制点与符合性规范》（GB/T 20014.26—2013）；

（19）《良好农业规范 第27部分：蜜蜂控制点与符合性规范》（GB/T 20014.27—2013）。

良好农业规范系列国家标准分为农场基础标准、种类基础标准（如《良好农业规范 第3部分：作物基础控制点与符合性规范》（GB/T 20014.3—2013））和产品模块标准［如《良好农业规范 第5部分：水果和蔬菜控制点与符合性规范》（GB/T 20014.5—2013）］3个层级。在申请认证时，应将农场基础标准、种类基础标准和（或）产品模块标准结合使用。

2.认证产品范围

良好农业规范认证范围包括产品范围、场所范围和生产范围。

申请认证的产品应在良好农业规范产品认证目录内，但不包括野生捕捞、野生动物的猎取及野生植物的采集。

所有申请认证产品的生产场所都应该详细标明，并提供经纬度坐标。对于包含了农产品处理的果蔬产品，还应标识处理场所的基本信

息。如果产品是委托别人处理,也应标示出来。被委托处理场所如果未通过良好农业规范认证,还应接受现场检查,以判断是否满足标准要求。

生产范围指按照良好农业规范标准管理的初级产品的生产过程,包括产品的收获与处理、平行生产和平行所有权。

(1)收获与处理(适用于水果和蔬菜)

收获时产品的所有权未发生变化,则认证范围应包含收获;收获后产品处理期间产品的所有权未发生变化,则认证范围应包含产品处理。

认证申请人不负责收获时,应与买方签订合同,以确保买方购买认证的所有农产品,并在收获前取得产品的所有权。买方应按标准规定在安全间隔期后进行收获,并同时负责收获后产品处理。

认证申请人申请认证时尚未确定产品买方,则认证申请人应书面声明一旦确定产品买方应按收获安全间隔期的要求与其签订合同,同时应告知其收获安全间隔期。

生产范围不包括收获时,也不应包括产品处理。当产品存在室内储存过程且仍属于认证申请人所有时,需符合《良好农业规范 第5部分:水果和蔬菜控制点与符合性规范》(GB/T 20014.5—2013)中4.5的要求。认证申请人无产品处理,则认证申请时应做出说明,且认证证书中标明不包括产品处理。

申请认证的产品若在其他的农场内进行产品处理,该农场应获得良好农业规范认证且证书生产范围应包括产品处理,并且与产品处理有关的适用的二级控制点应作为一级控制点进行要求。

(2)平行生产和平行所有权

认证申请人同时生产相同或难以区分的认证或非认证产品时,应视为平行生产;认证申请人除生产认证产品外,同时外购非认证的同一产品时,应视为平行所有权。

农业生产经营者组织中有成员存在上述情况的,则该组织也应视同存在"平行生产/平行所有权"。同一产品的认证和非认证产品在同一产品处理单元进行操作时,也应视为"平行生产和/或平行所有权"。

同一产品处理单元中可以存在平行所有权和平行生产,但同一生产管理单元内不能存在平行生产。

3.场所历史和管理

生产基地根据标准要求编制《农场管理计划》、基地平面图、地块/场所分布图,并在生产场所进行有效标识,应在每块田地、果园、温室、院子、小块场地、畜舍或生产中使用的其他区域建立一套参照系统并在农场规划图或地图上注明。

农场管理计划应包括动植物生活环境质量、土壤板结、土壤侵蚀、温室气体的排放、腐殖质平衡、氮磷平衡、化学植保产品的浓度。

4.风险评估

风险评估是保护产品、员工健康和生产经营符合良好农业规范和法律法规要求的一个重要步骤,能够帮助组织识别、评估生产区域潜在的、能够造成伤害的风险,是对生产过程中对产品、环境和员工福利造成不利影响的因素进行的识别与分析,对危害发生的概率和严重程度进行的评估,以确定是否采取预防措施防止危害的发生,最大限度地降低因未采取合理控制措施而造成的损失。

首先应进行危害识别,确定潜在的伤害对象及危害发生的原因;在此基础上进行危害分析并确定相应的预防措施,记录发现并实施相关措施;最后,对风险评估进行评审并在必要时更新。风险评估应主要围绕食品安全、环境保护、员工健康安全和动物福利进行,考虑风险的来源和性质,风险发生的严重性以及风险发生的概率。

通用的评估内容主要包括场所历史和管理、员工健康安全、农场卫生管理、危害和急救、废弃物与污染物管理、环境保护、可追溯和食品防护等。

具体到不同的模块,侧重点有所不同。如在种植业生产过程中,针对不同作物生产特点,可主要评估植保产品、作物管理、土壤肥力保持、田间操作、植物保护等方面;在畜禽养殖过程中,根据不同畜禽的生产方式和特点,可重点关注养殖场选址、畜禽品种、饲料和饮水供应、场内的设施设备、畜禽的健康、药物的合理使用、畜禽的养殖方式、畜禽的公路运

输、废弃物的无害化处理等方面;在水产养殖过程中,针对养殖水产品的生产方式和共同特点,可包括养殖场选址、养殖投入品(苗种、化学品、饲料、渔药)管理、设施设备要求、鱼病防治、养殖用水管理、捕获与运输等方面。

5.制定对应的操作规程文件

风险评估确定的对应预防措施应形成作业规程文件,做好培训并执行。企业在外部现场检查之前应先执行该规程文件,在必要的时候再更新。

6.内部检查

外部现场检查之前,企业应对整个生产场所进行内部检查,内部检查应覆盖所有的生产操作过程及人员,严格按照认证标准逐一判断,并详细描述控制点符合性证据。内部检查应形成检查报告,发现不符合项,确定纠正措施,并跟踪验证,整个过程要有记录,且易于查找。

7.产品召回演练

明确导致召回/撤回的事故种类,指定做出产品召回/撤回决定的负责人,根据制定的召回程序进行演练,验证企业建立的可追溯体系是否有效、及时。申请人应每年验证程序的有效性,保证其有效性并形成记录;应确保从原料至产品生产、加工处理各阶段的产品标识或批次全过程的档案记录和跟踪审查体系完整;确保每一批产品都能够追踪其来源。每年至少演练召回1次。

8.食品防护

应识别并评估每个操作阶段的食品安全危害,以保证所有投入品是安全的且来源可靠,并形成《食品防护计划》。《食品防护计划》的制定和实施宜参考《食品防护计划及其应用指南 食品生产企业》(GB/T 27320—2010)的要求。

申请人应提供所有雇员和分包者的信息,应有防止可能发生的蓄意危害的纠偏行动程序。

9.基地标识牌

根据生产场所和(或)生产单元制作基地标识牌以区别于常规地块。标识牌至少包括企业名称、企业基本情况介绍(如基地建立时间、基地获得的认证或备案、基地面积、基地产品种类、基地主要管理方式等)，基地平面图，基地负责人、联系人及其电话等。

10.平面布局图

企业应根据标准要求制定详细的平面布局图，标识种植/养殖基地、办公室、农药库、肥料库、工器具库;布局图至少应包括以下内容:

(1)基地四周的隔离物;

(2)基地内各地块所种植的产品及对应的地块编号;

(3)邻近基地的地块种植的作物;

(4)基地内的道路、河流、水库、仓库、房屋、厕所等相关场所;

(5)平面图绘制的方向;

(6)平面图绘制的比例尺。

(四) 质量管理体系要求

对于农业生产经营者组织和建立质量管理体系的多场所除了建立必要的操作规程文件以外，还应建立质量管理体系文件。质量管理体系文件的建立可参考《良好农业规范认证实施规则》附件2，主要包括以下几方面内容。

1.法律地位及组织结构

(1)合法性

农业生产经营者组织或多场所的农业生产经营者应为法人实体。该法人实体应有资格从事农业生产和(或)贸易活动，与农业生产经营者和生产场所有合法的合同关系，并作为农业生产经营者和生产场所的代表。该法人实体应与批准的认证机构签署标志使用协议并成为认证证书的唯一持有人。只有能够按照选项1认证的法人实体才能加入选项2认证组织。如某一组织或多场所加入其他组织或其他多场所，则应将两个质量管理体系合并成一个体系，并由即将成为认证证书持有人的法人实体统一管理。

(2)农业生产经营者和生产场所

农业生产经营者组织与农业生产经营者应有书面的合同或协议,合同或协议应包含下列要素:

①农业生产经营者组织名称和合法资质;

②农业生产经营者名称和(或)合法身份证明;

③农业生产经营者联系地址;

④生产场所的详细信息,包括认证和非认证产品;

⑤生产范围及数量的详细情况;

⑥农业生产经营者同意以"中国食品农产品认证信息系统"中的产品状态证明其遵守认证标准的相关要求的承诺;

⑦未遵守标准相关要求以及其他任何组织内部要求时可能实行的制裁;

⑧生产者同意遵循组织的文件化程序、政策和相关技术指导;

⑨农业生产经营者组织和农业生产经营者代表的签字。

对于多场所,所有生产场所应为法人实体自有或租赁并由该法人实体直接控制。对于不是法人实体所自有的生产场所,该法人实体应与此类生产场所的所有人签订具有法律效力的书面合同,合同应包含以下内容:

①证书持有人名称和法律资质;

②场所所有人的名称和(或)法律资质;

③生产场所所有人的联系地址;

④每个生产场所的详细情况;

⑤明确指出场所所有人对场所的生产运作不承担任何责任,不进行资源投入,也不拥有决定权;

⑥双方当事人代表的签字。

(3)农业生产经营者和场所的内部注册

所有的农业生产经营者应向农业生产经营者组织进行注册,所有的生产场所应向农业生产经营者进行注册。每个场所注册时至少包含以下信息:

①法人实体与生产场所之间的关系(所有权、租赁等);

②生产场所地址；

③注册的产品；

④注册产品的生产面积和(或)数量。

2. 生产的管理和组织

质量管理体系应完整,按照统一要求管理组织的注册成员或生产场所。组织结构应形成文件,并规定以下职责的负责人:

(1)良好农业规范的实施；

(2)质量管理体系的运行；

(3)农业生产经营者和/或生产场所年度的内部检查；

(4)对质量管理体系实施内部审核,对内部检查进行验证；

(5)对农业生产经营者组织的技术指导。

应在文件中规定关键岗位员工(如内部检查员、技术员等)的能力、培训和资历要求,确保具备良好农业规范标准中规定的能力。应确保对良好农业规范标准符合性负有职责的全体员工得到充分培训,且满足规定的能力要求。应保持关键岗位员工的培训和资格记录,以证实他们的能力。应保持每个内部检查员/审核员完成授权单位举办的在线/面授培训和通过考试的记录(必要时)。如果有多名内部审核员或者内部检查员,应接受培训和评估以保证他们对标准的理解和工作方法的一致性(如,提供有记录的见证审核/检查)。应有相关的程序确保关键岗位员工及时了解良好农业规范的版本更新和依据的法律法规变更情况。

3. 文件控制

应充分控制所有质量管理体系文件,包括质量手册、程序文件、作业指导书、记录表格和外来文件。

应制定方针和程序确保相关技术规范的要求得到控制。组织成员及其主要员工应确保能获得相关方针和程序。应定期评审质量手册内容,以确保持续符合良好农业规范相关技术规范、本规则和农业生产经营者组织的要求。良好农业规范标准以及强制性指导文件的修改必须及时纳入组织的质量管理体系中。

应建立文件控制程序,并形成文件。所有的文件在发布及分发前应经授权人的同意和审批。所有受控文件应用分发号、发行日期/审批日期及编码的形式进行识别和控制。文件的任何更改应在分发前得到授权人的审批。如有可能,应识别文件更改的原因及性质。确保各部门得到现行有效版本的受控文件。应在文件控制程序中对文件的审查、新文件的发放和作废文件的销毁作出规定。

应保持记录以证实对质量管理体系的有效控制并满足良好农业规范相关要求。质量管理体系的记录应至少保存2年。记录应真实、清晰,存放在适当的场所且易于检索。保持在线记录或电子记录有效。如果需要签名,可以设置一个密码或者电子签名,电子签名应是唯一的,并且得到签名人的授权。如相关记录需要负责人签名则应手签。在认证机构检查期间,电子记录应能够获得。记录备份应随时能提供。

4.投诉的处理

应建立并保持形成文件的程序,对投诉的接受、登记、确认、调查、跟踪和反馈作出规定。应在客户要求时向其提供投诉的处理程序。投诉处理程序应适用于对认证申请人的投诉,同时也适用于农业生产经营者和生产场所的投诉。

5.内部审核

应建立并保持内部审核/检查程序,以评价质量管理体系的适宜性、符合性并按良好农业规范相关要求对生产场所/农业生产经营者实施检查。

每年至少对基于良好农业规范标准的质量管理体系进行一次审核。内部审核员应符合本规则的要求。内部审核员应独立于被审核的部门和区域。

负责建立质量管理体系的人员可以作为内部审核员审核组织的质量管理体系,但负责质量管理体系日常运行的人员不能作为内部审核员审核组织的质量管理体系。

内部审核记录、审核发现、纠正措施及其跟踪验证记录均应保持且易于查找。在外部审核期间,审核员可随时获取已完成的质量管理体系检查表,检查表应包含对每个质量管理体系控制点的评价。如果内部审核不是一次性完成的,而是在12个月的周期内分阶段进行,则应事先编制审核时间表。

6.农业生产经营者/生产场所的内部检查

每一个注册的生产场所和(或)农业生产经营者每年应至少进行一次针对良好农业规范相关要求的检查,该检查包括适用的全部控制点。内部检查员应独立于被检查的部门、区域,不能检查自己所从事的日常工作。新成员和(或)新的生产场所在正式加入农业生产经营者组织/农业生产经营者前应进行内部检查。应保持原始检查报告和记录,并确保在外部检查需要时随时提供。内部检查报告应包含下列信息:

(1)注册农业生产经营者和(或)生产场所的名称;

(2)受检查方(注册成员和/或生产场所)签字;

(3)日期;

(4)检查员姓名;

(5)注册的产品;

(6)针对控制点评价的结果;

(7)应在检查表中对符合、不符合和不适用进行判定并详细描述,如果有不符合项,应开具不符合项报告并设定纠正措施的整改期限。

内部审核员(或审核组)应对内部检查员提交的内部检查报告进行评审,做出生产经营者和(或)生产场所是否符合良好农业规范相关要求的结论。

如仅有一名内部审核员且同时还负责实施内部检查,则应由其他人如质量管理体系的管理者代表对内部检查进行审批。如内部检查需分阶段在12个月的周期内进行,则应事先编制检查时间表。

7.不符合项、纠正措施和处罚

应建立并保持处理不符合项及纠正措施的程序,这些不符合项来源于内部检查、外部审核/检查、消费者投诉或质量管理体系的缺陷。应建立程序并形成文件,以识别和评价质量管理体系运行中出现的不符合

项。应对不符合项的纠正措施进行评价,并规定纠正措施和完成时限。应明确实施和完成纠正措施的职责。应建立并实施针对农业生产经营者和(或)生产场所的处罚和不符合项控制文件,以满足良好农业规范认证实施规则的要求。农业生产经营者组织应建立适当的程序,以便能够立即将对农业生产经营者/生产场所的暂停或撤销处理通知认证机构。选项2的注册成员可向农业生产经营者组织申请自我声明的暂停。应保持所有的处罚记录,包括纠正措施和验证过程。

8. 产品的可追溯性和隔离

符合良好农业规范认证的产品及其销售应具有可追溯性,在产品处理时防止与非良好农业规范认证产品混淆。应建立并保持程序文件,对注册产品进行有效识别并确保所有产品是可追溯的,包括所有适用场所的合格/不合格,应对注册产品的产量进行物料衡算,以表明其符合性。应建立有效的体系和程序,以防止标签误用或将认证产品与非认证产品混淆。

对于果蔬认证:产品处理场所应运行程序,以便注册产品在接收、处理、储存和配送过程中能够被标识和追溯。如果选项2注册成员注册了平行生产,则追溯和隔离控制点[《良好农业规范 第2部分:农场基础控制点与符合性规范》(GB/T 20014.2—2013 中 4.11 的要求)]适用于该成员。质量管理体系审核时,检查表应涵盖《良好农业规范 第2部分:农场基础控制点与符合性规范》(GB/T 20014.2—2013 中 4.9 和 4.10)控制点的全部内容,并应根据适用对象做适当调整。

9. 产品召回

应建立并保持程序,以有效管理对注册产品的召回。该程序应明确导致召回的事件类别、做出产品召回决定的人员、通知客户和认证机构的机制以及处理库存的方法。程序应具有可操作性。每年应以适当的方式对程序进行至少一次演练以确保其有效性。应保持演练记录。

10. 分包方

应建立并保持程序,以确保分包给第三方的活动满足良好农业规范相关要求。分包方的能力和活动应得到评估且能证明满足良好农业规范相关要求;应保持分包方能力证明和活动评估的有关记录。分包方应遵守农业生产经营者组织的质量管理体系和相应的程序,并在服务协议或合同中明示。

11.添加新注册成员或生产场所

可根据内部审核程序将新增注册成员或生产场所加入到证书中。如已注册的成员或场所数量出现增加或减少,证书持有人应立即向认证机构上报更新。

在经批准的认证机构进行注册的新增注册成员或生产场所,如其1年内的增加数量低于10%,新增成员或生产场所可在无须认证机构进一步验证的情况下加入注册名单。

已批准的注册成员或生产场所在1年内的增加数量超出10%,需对新增注册成员或生产场所进行外部抽样检查(最小量为新增注册成员或生产场所数量的平方根),并且需在将新增注册成员或生产场所列入注册名单之前,于当年进行选择性的质量管理体系审核。

无论已经审核的注册成员数量或生产场所1年内的增长百分比是多少,如新注册生产场所面积在1年内增长10%,或之前已经审核的注册产品中的畜禽数量在1年内增长10%,或注册成员数量出现10%的变更,需对新增注册成员或生产场所进行外部抽样检查(最小量为新增注册成员或生产场所数量的平方根),并且需在将新增注册成员或生产场所列入注册名单之前,于当年进行选择性的质量管理体系审核。

▶ 第三节 案例分析

一 总体介绍

安徽凯博生物科技有限公司(简称"凯博生物")是全球最大的大蒜生产加工企业,同时还是大蒜油产品的全球最大供应商。2017年,在乡

村振兴战略背景下,凯博生物于江苏大丰、安徽阜阳建立可持续发展农业项目,聚焦大蒜、生姜等经济作物试验示范,以区域"智慧农业"模式,集成土壤改良、环境保护、田间管理、可追溯四大体系建设,简单有效地"以数据定义好产品",并先后顺利通过2万亩 CHINA GAP、1 000亩 GLOBAL GAP认证。

(二) 良好农业规范模式简介

目前,示范基地建立了大蒜安全的生产模型,即"良种+良田+良法+数智化"。实行对示范基地统一种子、统一肥料、统一植保产品、统一种植、统一管理、统一采收。并建立完善的栽培管理体系,包括种子处理、整地培肥、适期播种、合理密植、科学排灌、中耕松土、平衡施肥、病虫害防治、适时采收等。

同时,示范基地建有GIS遥感设备,拥有病虫草害识别、水肥决策、精准种植等数字化、智能化的技术。并基于大蒜全产业链的服务场景,构建了基础信息、科技信息、农事信息、生产环境四大数据库于一体的可追溯系统,为基地大蒜种植、采收、加工管理提供了从数据到方案的创新服务。真正做到了让手机成为新农具,技术成为新劳力,数据成为新农资。

(三) 产生的效益

截至2021年底,凯博生物可持续大蒜示范基地形成了10万亩的智慧农业拓展区,大蒜年产量逾20万吨,年产值逾4.5亿元,带动就近就业人数3 000余名,引领超过6 000家种植户实现增收。

凯博生物通过自有大蒜种植基地进行"智慧农业"试点,从而探索出一套成熟的适用于大蒜产业的种植模式,并通过这种可复制性模式面向全国推广。一方面,可以实现整个大蒜行业的产业升级,提高中国大蒜产品在国际市场的竞争优势。另一方面,可以提高中国农产品的食品安全水平,为乡村振兴发展提供成套解决方案,为国家农业创新创造、大蒜产业升级发展贡献智慧和力量。

第八章　食品安全管理体系认证

食品安全管理体系(FSMS)是组织管理食品安全方面的体系,是一个从确定方针、目标,到实现目标整个过程的各要素之间相互作用的系统。国际标准化组织(ISO)于2005年9月1日正式发布了第一版《食品安全管理体系　食品链中各类组织的要求》(ISO 22000:2005)。2006年,我国等同采用并发布了《食品安全管理体系　食品链中各类组织的要求》(GB/T 22000—2006)。2018年6月18日,ISO修订发布《食品安全管理体系　食品链中各类组织的要求》(ISO 22000:2018),新版国家标准正在修订中。

▶ 第一节　申请食品安全管理体系认证的条件

一 资质要求

企业申请食品安全管理体系认证时,应满足以下基本条件:

①取得国家市场监督管理部门或有关机构注册登记的法人资格(或其组成部分);

②已取得相关法规规定的行政许可(适用时);

③生产、加工的产品或提供的服务符合中华人民共和国相关法律法规、安全卫生标准和有关规范的要求;

④已按认证依据要求,建立和实施了文件化的食品安全管理体系,一般情况下体系需有效运行3个月以上;

⑤在1年内,未因食品安全卫生事故、违反国家食品安全管理相关法

规或虚报、瞒报获证所需信息,而被认证机构撤销认证证书。

二 认证申请要求

食品安全管理体系(ISO 22000)标准不能单独使用,需要配合专项准则一起使用,即"1+1"。如果没有专项准则,不能申请食品安全管理体系认证。

目前发布的专项准则共29个,如下:

①《食品安全管理体系 肉及肉制品生产企业要求》(GB/T 27301—2008);

②《食品安全管理体系 速冻方便食品生产企业要求》(GB/T 27302—2008);

③《食品安全管理体系 罐头食品生产企业要求》(GB/T 27303—2008);

④《食品安全管理体系 水产品加工企业要求》(GB/T 27304—2008);

⑤《食品安全管理体系 果汁和蔬菜汁类生产企业要求》(GB/T 27305—2008);

⑥《食品安全管理体系 餐饮业要求》(GB/T 27306—2008);

⑦《食品安全管理体系 速冻果蔬生产企业要求》(GB/T 27307—2008);

⑧《食品安全管理体系 谷物加工企业要求》(CCAA 0001—2011);

⑨《食品安全管理体系 饲料加工企业要求》(CCAA 0002—2011);

⑩《食品安全管理体系 食用油、油脂及其制品生产企业要求》(CCAA 0003—2014);

⑪《食品安全管理体系 制糖企业要求》(CCAA 0004—2014);

⑫《食品安全管理体系 淀粉及淀粉生产企业要求》(CCAA 0005—2014);

⑬《食品安全管理体系 豆制品生产企业要求》(CCAA 0006—2014);

⑭《食品安全管理体系 蛋制品生产企业要求》(CCAA 0007—2014);

⑮《食品安全管理体系 糕点生产企业要求》(CCAA 0008—2014);

⑯《食品安全管理体系 糖果类生产企业要求》(CCAA 0009—2014);

⑰《食品安全管理体系 调味品、发酵制品生产企业要求》(CCAA 0010—2014);

⑱《食品安全管理体系　味精生产企业要求》(CCAA 0011—2014);

⑲《食品安全管理体系　营养保健品生产企业要求》(CCAA 0012—2014);

⑳《食品安全管理体系　冷冻饮料及食用冰生产企业要求》(CCAA 0013—2014);

㉑《食品安全管理体系　食品及饲料添加剂生产企业要求》(CCAA 0014—2014);

㉒《食品安全管理体系　食用酒精生产企业要求》(CCAA 0015—2014);

㉓《食品安全管理体系　饮料生产企业要求》(CCAA 0016—2014);

㉔《食品安全管理体系　茶叶、含茶制品及代用茶加工企业要求》(CCAA 0017—2014);

㉕《食品安全管理体系　坚果加工企业要求》(CCAA 0018—2014);

㉖《食品安全管理体系　方便食品生产企业要求》(CCAA 0019—2014);

㉗《食品安全管理体系　果蔬制品生产企业要求》(CCAA 0020—2014);

㉘《食品安全管理体系　运输和贮藏企业要求》(CCAA 0021—2014);

㉙《食品安全管理体系　食品包装容器及材料生产企业要求》(CCAA 0022—2014)。

(二) 企业申请食品安全管理体系认证应提交的文件和资料

①食品安全管理体系认证申请;

②有关法规规定的行政许可文件证明文件(适用时);

③营业执照(三证合一);

④食品安全管理体系文件;

⑤加工生产线、HACCP 项目和班次的详细信息;

⑥申请认证产品的生产、加工或服务工艺流程图、操作性前提方案和 HACCP 计划;

⑦生产、加工或服务过程中遵守(适用)的相关法律法规、标准和规范清单,产品执行企业标准时,提供加盖当地政府标准化行政主管部门备案印章的产品标准文本复印件;

⑧承诺遵守法律法规、认证机构要求、提供材料真实性的自我声明；

⑨产品符合卫生安全要求的相关证据和(或)自我声明；

⑩生产、加工设备清单和检验设备清单；

⑪其他需要的文件。

▶ 第二节　生产经营企业质量管理要求

企业依据标准要求结合自己的实际情况建立、实施、保持并不断更新食品安全管理体系,定期对管理体系进行确认和验证。

一　管理职责

食品安全管理体系中的管理职责主要是指最高管理者、食品安全小组组长的管理职责。

1.最高管理者

作为一个企业的最高层领导,有责任制定企业政策,赋予员工职责和权限,提供必要的资源,在体系中具有不可替代的作用。最高管理者的职责是否到位,往往关系到食品安全管理体系的成败。所以,最高管理者在建立、保持、运行食品安全管理体系中起着重要作用。

主要体现在以下几个方面:

①制定企业的食品安全方针和目标,并与企业的经营目标一致;

②将食品安全管理体系要求融入企业的业务过程;

③确定组织结构,明确职责和权限,合理地提供资源;

④交流沟通有效食品安全管理的重要性,以及符合食品安全管理体系要求、法律法规要求和双方约定的食品安全有关客户要求的重要意义;

⑤主持管理评审工作;

⑥支持其他管理者证明其在履行其相关领域的职责时的食品安全领导作用。

2.食品安全小组组长

作为食品安全管理体系中一个非常重要的角色,被最高管理者任命后,应该承担以下方面的工作:

①确保建立、实施、保持和更新食品安全管理体系;

②管理并组织食品安全小组的工作;

③确保食品安全小组的相关培训和能力;

④向最高管理者报告食品安全管理体系的有效性和适宜性。

食品安全管理体系不是食品安全小组一个组织的事情,也不是食品安全小组成员的事情,而是企业内每一个成员的事情。作为企业的一分子,每一位员工,不论职位、性别、资质如何,都有关注食品安全的责任。无论是在本职岗位上还是在其他责任区域发现了与食品安全或者是和食品安全管理体系有关的问题,都必须第一时间向食品安全小组报告。

二 人力资源

人力资源通俗地说就是和食品安全管理体系有关的人员。不仅包括公司内部的,还包括公司外部的,比如外面聘请的专家。所有与食品安全相关的人员都必须要在能力和意识方面能够满足食品安全的要求。

从事食品安全管理体系相关工作的人员应该具有以下4个方面的意识。

1.理解并掌握食品安全方针

对于食品安全方针应该先制定,再沟通,以确保食品安全方针能有效实施并保持,使大家能知晓食品安全方针。让每一个和食品安全管理体系工作相关的人都能明白企业的宗旨和发展方向,并能将它融入自己的工作当中,从而更好地达成食品安全管理体系目标。

2.理解并掌握与其工作相关的食品安全管理体系目标

企业应该将目标在不同职能部门、不同岗位上进行分解,并定期进行考核。

3.了解个人对食品安全管理体系有效性的贡献

食品安全管理体系实施、保持和不断改进工作,包括改进食品安全

绩效,不是最高管理者或食品安全小组组长一个人能够完成的事情,也不是食品安全小组能够完成的事情,而是每一个和食品安全管理体系有关人员的事情。

4.明白不符合食品安全管理体系要求的后果

这一点很重要。多数的管理者和绝大多数的员工都觉得这一点无所谓,不要紧。因为他们完全没有意识到这件事如果出现问题所带来的严重后果。食品安全管理体系的每一个要素、每一个环节都是相互关联、环环相扣的,一环控制不好势必影响其他环节的正常工作,一个环节出现问题也肯定会给后续过程造成潜在的或者直接的影响。

在树立意识的同时,还应该保证从事食品安全管理体系相关工作的人员有足够的能力来完成食品安全相关工作。首先,掌握相应的知识;其次,具有必要的技能;再者,具备知识和技能应用的能力;还要通过内外部培训学习,提升与食品安全有关的人员的能力和意识,从而满足不断发展的食品安全的要求。

三 前提方案(PRPs)

1.前提方案内容

企业应制定前提方案,并形成文件,这是申请认证的必要条件。

建立的前提方案应包括以下12个方面的内容:

①建筑物和相关设施的构造和布局;

②包括分区、工作空间和员工设施在内的厂房布局;

③空气、水、能源和其他基础条件的供给;

④虫害控制、废弃物和污水处理和支持性服务;

⑤设备的适宜性,及其清洁、维护保养的可实现性;

⑥供应商批准和保证过程(如原料、辅料、化学品和包装材料);

⑦来料接收、贮存、分销、运输和产品的处理;

⑧交叉污染的预防措施;

⑨清洁和消毒;

⑩人员卫生；

⑪产品信息/消费者意识；

⑫其他方面。

还应该制定12个方面的监控方式和验证要求：如害虫管理员每天检查虫鼠害情况，设备管理员每周巡视厂区和建筑物情况，化验室每月检测生产用水，每年制定下年度的改进计划等。

从以上12个方面可以看到，前提方案包括了一个企业正常运营要考虑的所有方面：企业的整体布局，甚至建厂时的选址；能源的供给；废弃物的处理；从原料获得、验收、使用到产品储存、分销及消费者的要求；人员的卫生要求以及加工过程的交叉污染。

2.制定前提方案时要考虑法律法规的要求

(1)识别企业在整个食品链中的位置。

(2)选择适合企业在食品链中的位置的规范性文件。

各国都制定了食品链中各环节相关的法规要求。我国制定的GB 14881《食品安全国家标准 食品生产通用卫生规范》，是对所有食品生产企业的基本要求。我国对食品链从种植、养殖、加工、制造、运输、贮存、分销等各环节都制定了具体的良好规范要求，如《食品安全国家标准 罐头食品生产卫生规范》(GB 8950—2016)、《食品安全国家标准 食用植物油及其制品生产卫生规范》(GB 8955—2016)、《食品安全国家标准 糕点、面包卫生规范》(GB 8957—2016)、《食品安全国家标准 乳制品良好生产规范》(GB 12693—2010)、《食品安全国家标准 畜禽屠宰加工卫生规范》(GB 12694—2010)、《食品安全国家标准 饮料生产卫生规范》(GB 12695—2016)等标准，以及与GB/T 22000配合使用的29个专项标准。对出口企业还要考虑进口国的要求，如美国的《美国食品安全现代化法案》(FSMA)，美国食品药品监督管理局(FDA)在验厂时则作为硬性要求；还需要考虑公认的指南、国际食品法典委员会(CAC)的法典原则和操作规范等。ISO 22000标准还要求前提方案应考虑ISO/TS 22002系列的适用技术规范及适用实践守则。ISO/TS 22002-1的食品制造部分提出了ISO

22000标准基础方案之外的几方面要求,包括:①返工;②产品撤回程序;③库房;④产品信息和消费者意识;⑤食品防护,生物预警和生物反恐(强调了过敏原控制、食品防护管理)。

(3)结合企业目前的状况,制定适合自己的前提方案。

每个企业都有自己的实际情况,即使是同行业或者集团内的不同工厂,也有不同之处,如地理位置、周边环境、气候条件、管理水平、人员素质等均会有所不同。

作为最低要求,必须满足所选的标准、规范的要求,可以在标准、规范的基础上严加管理,制定更高的要求。

前提方案的格式没有固定模式,但必须满足标准要求的12个方面,可以按标准要求的12个方面展开描述。

（四）危害分析

危害分析的目的是找到控制危害的措施,使危害得到控制。进行危害分析需要有具备相关知识的人员,还要了解产品的特性及加工产品的过程和条件,以及法律法规的要求和顾客对产品的需求。因此,危害分析之前要做一些准备工作或预备步骤,再进行危害分析。

1.危害分析预备步骤

(1)预备步骤一:成立食品安全小组,任命食品安全小组组长。

最高管理者组织成立食品安全小组,任命食品安全小组组长,明文规定或以任命书的形式告知公司员工,组长负责确保建立、实施、保持和更新食品安全管理体系。食品安全小组组长是公司食品安全管理体系的核心,其应是公司的成员并了解公司的食品安全问题。当组长在公司中另有职责时,不宜与食品安全的职责相冲突。组长不一定是食品方面的专家,但建议其具备卫生管理和HACCP原理应用方面的基本知识,并且具有较强的管理和协调能力。

食品安全小组组长的职责可以包括与外部相关方就食品安全管理体系的有关事宜进行联系。小组的其他成员应包括质量控制、技术、生产、设备、采购、销售、必要的关键岗位等方面的人员,如果公司内部的人员能力不足,可以通过培训或者聘请外部专家。聘请的外部专家应签订书面的协议,明确其职责和应有的权限。

(2)预备步骤二:产品描述。

食品安全小组应对原料、辅料、与产品接触的材料以及终产品的特性进行描述。对所有原料、辅料和与产品接触材料都应该描述,内容应包括生物、化学和物理特性;配制辅料的组成,包括添加剂和加工助剂;来源(如动物、矿物或蔬菜);原产地(产地);生产方法;包装和交付方式;贮存条件和保质期;使用或生产前的准备和(或)处置;与采购材料和辅料预期用途相适宜的有关食品安全的接收准则或规范。对终产品的描述内容应包括产品名称或类似标志;成分;与食品安全有关的生物、化学和物理特性;预期的保质期和贮存条件;包装;与食品安全有关的标识和(或)处理、制备及使用的说明书;分销和交付的方式。

(3)预备步骤三:绘制流程图及流程图现场验证。

食品安全小组应绘制流程图,流程图应清晰、准确和尽量详细,并进行现场确认。流程图应包括操作中所有步骤的顺序和相互关系;任何外包过程;原料、辅料、加工助剂、包装材料、公用设施和中间产品的投入点;返工点和循环点;终产品、中间产品、副产品和废弃物的放行点或排放点。流程图可能包括工艺流程图、区域布局图、人流物流图、气流图、上下水示意图等。

(4)预备步骤四:过程步骤和过程环境的描述。

流程图是为了能够充分识别产品实现的工艺过程,是生产过程的简单描述方式。过程步骤的描述目的是识别通过其他预备步骤识别不出来的、可能产生和引入的危害。

过程步骤及控制措施的描述应详尽、可靠地评价和确认控制措施不利对危害的控制效果,确保足以实施危害分析。

需要描述的内容包括:过程参数、应用强度(时间、水平、浓度等)、与其他过程及组织同一过程的差异性、外部对控制措施的要求(包括执法

部门或顾客)等。

现有的控制措施是否满足外部的要求,需要通过分析比较来确定。通常专业规范客户对一些控制措施有明确的规定,如法规对低温肉制品的环境温度的要求,客户对出口罐头的杀菌强度的要求等。

对场地布置,加工设备和接触材料、加工助剂及材料流动描述的要求,可通过区域布局图、人流物流图、气流图、上下水示意图等体现。

对季节、班次模式变化的描述,如不同季节的虫害发生的频次差异;冬季白天比其他季节要短,夜班生产时,人员的精力相对要差,会导致控制力度的下降等变化。

完成维护分析的准备工作或预备步骤后,可开展危害分析。危害分析需要有经验的人员进行,了解危害的产生、引入及消除或降低到可接收水平的机制,也可直接引入外部开发的控制要素。对于外部开发的控制要求在公司应用时,必须进行确认和验证。

2.危害分析

危害分析可分为危害的识别、可接受水平的确定、危害评估、危害分析4个阶段。

(1)危害识别

危害分为生物、物理、化学3种危害,还应考虑过敏原、辐射及欺诈等因素。

1)生物危害的识别

①生物危害的引入:来自物料本身,如动物的疫病、寄生虫、致病菌等危害性细菌、病毒等。来自加工过程及环境的污染,如致病菌等危害性细菌、病毒等,空气中微生物污染、不洁食品接触面的污染(如刀具、台面、管道及设备等)、操作人员污染(手、毛发、工作服、唾沫等)、进入生产现场的虫鼠、生产用水污染(传送、清洁、冷却等用水)、不同清洁条件的产品和工具相互交叉污染等。动物疫病的产生与扩散,如不规范操作导致动物应激反应,以及不良圈养环境导致待宰动物的生病或进一步传染其他动物等。

②生物危害的增加:环境温度控制不当导致产品温度的失控,如加工环境温度、储藏库温度、冷藏车温度、冷柜等温度失控;工艺控制不当导致产品温度的失控,如热灌装时产品温度过低、果汁加工过程温度过高、冷却后产品温度高于控制温度;不利温度状态下加工时间过长,如肉制品出炉后包装加工时间过长、罐头封口到杀菌时间过长、杀菌后产品冷却时间过长等;水活度(回潮率、盐度、糖度)失控,如干燥工艺失控导致水活度没有达到控制要求、空气湿度的变化导致产品的回潮。

③生物危害的残留:杀菌条件控制不当或杀菌不充分,会导致生物危害残留,产品不能安全保存与食用。抑制剂(柠檬酸、臭氧、防腐剂等)添加不足,pH测试仪不准确导致柠檬酸添加量不足,辅料不合格导致防腐剂浓度过低,臭氧机工作不良导致产品臭氧含量不足等;影响杀菌的因素控制不良,如罐头杀菌前产品温度、封口到杀菌的间隔时间、pH、最大固容量、杀菌过程时间与温度等多个因素控制不良。

2)化学危害的识别

①来自物料的:生物体本身自然含有的天然毒素,如毒菇类中含有的剧毒物质、金枪鱼的组胺、坚果中过敏物质、贝类体中的贝类毒素等。产品污染产生的毒素,如蘑菇污染产生金黄色葡萄球菌肠毒素、谷物霉变产品黄曲霉。动植物中药物残留,如植物产品农药残留、动物产品的农兽药残留等。包装物为可溶化学物,如聚氯乙烯(PVC)材料中氯乙烯单体和乙基己基胺等。

②消毒液、护色剂等助剂残留:如使用高浓度消毒液处理蔬菜导致次氯酸液、过氧化氢等残留,焦亚硫酸钠护色处理新鲜蘑菇导致二氧化硫残留,啤酒中甲醛残留等。

③食品添加剂不合理使用:如肉制品加工中亚硝酸盐超标准使用、使用非食品添加剂苏丹红色素等。

④来自设备设施维护过程的:如润滑油污染及非食品级润滑油的不规范使用等。

⑤杀虫剂等化学物污染:如车间内使用杀虫剂污染产品等。

3）物理危害的识别

①来自物料的：如植物产品收获、晾晒等初加工过程中可能带有的泥土、砂石、玻璃、铁块等。动物原料在养殖、捕获等过程中可能引入的针头、鱼钩等，以及原辅料的标签和包装物、虫害尸体等。

②来自工器具、设备设施的使用：如断裂的刀片、设备磨损的金属物、塑料容器破损的边角、传输带磨损的胶皮、破碎的玻璃器物、设备老化产生的漆皮锈渣、碰碎的瓷片、脱落的墙皮、清洗设备用的金属丝或纤维物等。

③来自设备设施的维护过程：设备维修中遗留的垫圈及工具、电焊的焊渣、电线的断头及绝缘胶布等。

④来自人员不规范的行为：头发、首饰、烟头、创可贴等。

⑤来自不规范的工艺控制：产生的结晶体、形成的焦煳物质、辐射杀菌放射物质残留等。

⑥来自包装物污染：玻璃瓶的残渣、清洁不净的包装物、回收使用的污染物残留等。

（2）可接受水平的确定

食品的危害控制是通过食品链全过程控制来实现的，组织的终产品安全性是相对的，危害的可接受水平与组织在食品链中的位置相关，取决于其在食品链中所承担的食品安全控制的责任。同一组织生产的同一产品，由于客户对产品的预期用途不同，产品也会有不同的危害度可接受水平。满足法规、客户及组织要求的产品才是合格的安全产品。

很多组织或客户不以适用的强制性法律法规标准作为产品的安全质量标准，此时就应以高于法规的标准作为组织危害控制要求。

当产品没有国家标准等强制性标准要求时，组织的食品安全管理体系可参照同类产品的安全标准或通过科学的风险评估手段来确定产品安全标准或要求，可以通过相同产品的安全事故报道、科研机构的研究成果、顾客调查或经验，确定产品的安全标准或要求。

（3）危害评估

危害评估的方法有很多,企业常用的方法一般是通过危害发生的概率、严重程度进行评估,再通过"判断树"的方法确定控制措施。

食品安全小组根据危害的严重性,危害出现的频率或可能性等,将危害划分为显著危害、非显著危害两种。显著危害是指必须予以控制的、可能发生的、会对消费者健康造成损害的危害。

(4)控制措施的选择

依据国际食品法典委员会(CAC)推荐的 HACCP 应用指南中的关键控制点(CCP)"判断树"方法。

(5)危害分析工作表

通过危害识别、明确可接受水平、危害评估、控制措施的选择分类建立危害分析工作表单。

五 危害控制计划(HACCP/OPRP计划)

由关键控制点(CCP)控制的显著危害应建立关键限值(CL)。关键限值(CL)又叫临界值,是CCP控制过程中可接受与不可接受的界限值,关键限值应确保不超过可接受水平。如果控制过程中超过了所设定CL时,产品的安全性就不能够保证,产品就是潜在不安全产品,只有经过评估才能进一步确定这些产品是否是可以放行的安全产品。

由操作性前提方案(OPRP)控制的显著危害应建立行动准则。行动准则用于确定OPRP是否在控制范围内;符合行动准则应有助于确保不超过可接受水平。不符合行动准则时,不一定会对产品有重大影响,需要评估对产品的影响来确定是否是潜在不安全产品。

通过危害分析,对于显著的危害要制定危害控制计划,危害控制计划应有成文信息,并且要求及时地更新和保持,以适用于组织的显著食品安全危害的控制,其相关信息包括以下方面:

①由 CCP 或 OPRP 控制的食品安全危害;

②与 CCP 对应的 CL 或与 OPRP 对应的行动标准;

③监视程序;

④CL或行动标准偏离时采取的纠正和纠正措施；

⑤职责和权限；

⑥监视记录。

对于2005版标准可采用目视检测等感观方法实施临界值的监视，如烂果的挑选、原料的成熟度等控制点，应有明确的指导文件并通过相应的培训保证不同人员具有同样的能力。新标准中，关键限值应可测量，关键限值不应以感官描述的方式出现；但可以通过转换，作为可测量的值，如烂果的挑选，可用有一元硬币大小的烂疤果进行比对，经抽检此类烂果不得超过5%。

对每个OPRP的控制措施或控制措施的组合建立监测系统，来监测作用失效使其满足行动准则；针对关键限值进行有计划的测量。

每个关键控制点和每个OPRP的监视系统，应由成文信息组成，包括：

①在适当的时间范围内提供结果的测量或观察；

②使用的监测方法或装置；

③适用的校准方法，或用于OPRPs，用于验证可靠测量或观察的等效方法；

④监视频次；

⑤监视结果；

⑥与监视有关的职责和权限；

⑦与评价监视结果有关的职责和权限。

在每个CCP中，监视方法和频次应能够及时发现任何作用失效以保持在关键限值内，以便及时隔离和评估产品。

对于每个OPRP，监视方法和频次应与其失效的可能性和后果的严重性成比例。当监测操作性前提方案是基于观察的主观数据（如视觉检测）时，该方法应有指导书或规范的支持应规定当关键限值和行动准则未满足时所采取的纠正和纠正措施，应确保：

①不放行潜在不安全产品；

②识别不合格的原因；

③CCP或OPRP控制的参数回到关键限值或行动准则内；

④防止再发生。

当CCP或OPRP失控时受影响的产品必须经安全性评估后才能放行。

（六）控制措施组合的确认

食品安全危害不是一项措施能够有效控制或避免的，而是通过多种控制措施及其组合来控制。为确保以控制措施组合为核心建立的食品安全管理体系的有效性，应对控制措施组合的有效性进行确认。

1.确认的目的

是对OPRP和控制计划能否对食品安全危害实施有效控制提供证据，确定控制措施组合使最终产品满足已确定可接受危害水平的能力。如果经确认目前的控制措施组合未能达到将食品安全控制在可接受水平之内，就需要调整、重新设计控制措施组合。确认的内容不仅包含控制计划是否合理、科学，同时关注对前提方案、追溯要求、应急要求等的确认。确认可包括工艺确认、CCP确认、OPRP确认等，也包括对控制措施的综合效果确认（整个体系的确认），最终需要在这些确认活动的基础上，确认整个建立的体系是否满足运行的需要。因此，确认活动一般不可能是简单的一个会议就可以完成的。确认方法包括但不限于以下几项：

①参考他人已完成的确认或历史知识。若参考他人完成的确认，应注意确保预期应用的条件与所参考的确认中识别的条件相一致。

②用试验模拟过程条件。可要求在试验工厂中按比例调整实验室内的试验，以确保该试验能正确反映加工参数和条件。

③收集正常操作条件下生物、化学和物理危害的数据。可通过中间品和/或成品抽样和检验进行，该抽样和检验基于统计抽样计划和确认的试验方法。通常对于其他方法无法测量的控制措施（如与易变质食品贮存有关的消费者规范）较有用。

④数学模型。

⑤统计学设计的调查。

2.确认的时机

包括初始确认、有计划的周期性确认或由特殊事件引发的确认。除了在最初建立体系的时候需要实施确认活动,在体系发生变化或运行一段时间之后都需要对体系保证食品安全的能力进行确认,以确保管理体系的持续有效。初始确认一般指控制计划的运行之前实施的确认;有计划的周期性确认通常是在一定周期内例行的确认活动;由特殊事件引发的确认可以在以下情况下实施,如:

①增加了控制措施、实施了新技术或增添了新设备;

②增加了所选控制措施的强度(或严格程度),如时间、温度、浓度;

③识别出了需组织控制的新食品安全危害(如发现以前未确定的突发食品安全危害或发生社会关注的与食品安全危害有关的事件,或以前已确定但评价为不需组织加以控制的危害);

④危害出现的位置或其水平发生变化(如在配料或食品链其他部分产生了新的危害);

⑤危害对于变化的控制措施发生的反应(如微生物适应性);

⑥食品安全管理体系不明原因的失误,包括大批量不合格品的产生。

(七) 食品安全管理体系的验证

不验证不足以置信,所有制定的控制措施是否按照策划的要求运行,运行的结果是否满足预期的要求都需要通过验证活动来证明,组织应对验证的活动进行策划以保证能够对控制措施的过程和结果进行准确的评价,最终实现体系的更新与改进。

通过验证活动以证明建立的整个管理体系过程是受控的,产品的危害水平控制在可接受范围,所有的验证结果应有记录,保存并交流。

验证包含符合性及有效性两方面的验证策划活动。

符合性验证采用的方法可以包括现场检查、查看记录、内部审核等;

有效性验证需要根据不同的验证内容策划不同的验证方法。比如,需要验证设备清洁的操作性前提方案是否实施有效,可以进行微生物的涂抹实验;验证原料农药残留是否在可接受水平内,可以进行原料或终产品的农药残留抽检,或者还需要包括原料基地的现场检查等。当然,验证策划的方法应是可行的,并能够真正实现对有效性的验证。

根据验证策划,需要对验证活动结果实施评价,确定这些过程是否有效实施,是否已达到将食品安全控制在可接受水平。

验证活动可由各部门进行,但结果由食品安全小组进行分析。验证结果分析是食品安全小组的职责,此项活动是对食品安全管理体系的综合、全面的分析,为绩效评价(内部审核、管理评审等)提供输入,而且对潜在不安全产品的风险发生趋势要进行分析。

1.日常验证

活动采用的方法是与日常对体系监视时所用的方法相区别的,一般包括:

①评审监视记录,如车间主管检查卫生管理情况;

②评审偏离及其解决或纠正措施,包括处理受影响的产品;

③校准温度计或者其他重要的测量设备;

④用直观地检查操作来观察控制措施是否处于受控状态,如分析测试或审核监视程序;

⑤随机收集和分析半成品或终产品样品;

⑥环境和其他关注内容的抽样;

⑦评审消费者或顾客的投诉来决定其是否与控制措施的执行有关,或者是否揭示了未经识别的危害存在,是否需要附加的控制措施;

⑧对于质量记录的检查;

⑨对于现场操作执行情况的复查;

⑩对产品的检验;

⑪对于工作环境卫生状况的微生物抽样检测等。

2.定期验证

活动涉及整个体系的评估。通常是在管理和验证的小组会议中完成,并评审。用一个阶段内所有的证据以确定体系是否按策划有效实施,以及是否需要更新或改进。一般来讲,定期的验证活动通过内部审核活动来实现。

3.应明确验证活动的频率

验证活动的频率是与验证的内容和方法相关联。日常验证活动的频率应针对验证活动的重要性、风险等级、验证活动的成本等内容灵活加以考虑,一般为一周至半年的时间。定期验证活动的频率,由于是对体系的总体评价,宜至少每年用此方法来验证整个体系。具体做法:

①每周对设备、工器具、台案、工作服表面、操作人员手面、车间空气、包装间空气、卫生间空气进行一次微生物检测;

②每月对车间的真空系统、过滤机、离心机的仪表、网筛等进行一次内部校准/检查;

③每年对生产的产品送官方机构做全项检验一次。

4.应明确验证活动的职责

验证活动不同于日常的监控措施,因此,实施验证活动的人员与日常监控的人员应有区别。如生产部负责工器具的日常清洗消毒,那么验证此项活动的人员应为品管部的质检员或实验室人员。对定期验证活动的人员,会有较高的要求,包括必要的培训、工作经验,以及相应的专业知识等,所以应由食品安全小组人员负责。

5.应确定验证活动的对象

即验证的内容。对于应验证的内容,在标准中有明确的界定,包括:

①前提方案得以实施:重点在于基本设备设施、工厂流程和布局、日常卫生管理活动;

②危害分析的输入持续更新:重点在于当原辅料和产品特性、流程图、产品的预期用途等信息更新后,验证食品安全小组是否及时对危害分析进行相应的调整和有效性检查;

③危害水平在确定的可接受水平之内：可以通过对终产品、过程产品的检验来验证危害的控制是否有效；危害控制计划（HACCP/OPRP 计划）中的要素得以实施且有效；重点在于检查 HACCP/OPRP 计划中规定的内容和要求是否在管理过程中得到有效实施。

组织在确定某次或某一阶段验证活动的内容时，可结合验证活动的目的将上述内容适当地组合，不必拘泥于某种形式。关键在于验证活动的内容和结果是否能达到验证的目的，应关注验证活动的有效性。组织要求的其他程序得以实施，且有效。内部审核、管理评审按程序要求得以有效实施，文件与记录按程序要求得到有效控制，内外部沟通顺畅、信息交流充分等。

在验证实施阶段，应严格按照验证策划的要求实施验证活动。验证记录应能够全面反映验证方法、验证过程和验证结果。验证记录需有验证人员签字，并由主管人员审核。

八）可追溯和撤回

可追溯系统的建立是企业食品安全管理体系持续改进，及时撤回不安全产品、消除不良影响的重要手段。

第一，组织应建立且实施可追溯体系，以确保能够识别产品及其原料批次、生产和交付记录的关系；

第二，可追溯体系应能够识别直接供方的进料和产品初次分销的途径；

第三，可追溯体系应按规定的期限保持可追溯性记录，以便对体系进行评估，使潜在不安全产品得以处理；在产品撤回时，也应按规定的期限保持记录。可追溯记录应符合法律法规要求、顾客要求。

组织还应定期验证所建立的可追溯系统的有效性，必要时，此验证计划包括确认最终产品数量与原辅材料数量之间的关联性和一致性。生产过程通过产品标识、工艺流程单、生产记录等可以追溯加工过程中影响产品安全的危害。流通过程通过产品标识、合格证明、发货记录、财

务台账等可以追溯不同批次产品的分销区,实现由终产品消费者到生产过程,再由生产过程到原料来源的系统追溯。

记录保持是最主要的实现产品可追溯性的方法,通常记录的保存期应不少于产品的保质期和/或货架期,法律法规和顾客有要求时,应满足其记录保持要求。《食品安全法》第五十条"食品生产组织应当建立食品原料、食品添加剂、食品相关产品进货查验记录制度,如实记录食品原料、食品添加剂、食品相关产品的名称、规格、数量、生产日期或者生产批号、保质期、进货日期,以及供货者名称、地址、联系方式等内容,并保存相关凭证、记录,凭证保存期限不得少于产品保质期满后 6 个月,没有明确保质期的,保存期限不得少于 2 年"。

组织应编制为实现可追溯体系目标所需的文件。文件至少应包括:

①食品链中相关步骤描述;应在可追溯体系中建立处理不符合项的程序,这些程序应包括纠正和纠正措施;

②追溯数据管理的职责描述以确保文件的充分与适宜,必要时对文件进行评审与更新,并再次批准确保文件清晰、适宜;

③记载可追溯性活动和制造工艺、流程、追溯验证和审核结果的书面或记录信息;

④管理与所建立的可追溯体系有关的不符合项所采取措施的文件;

⑤记录保持时间。

关于文件控制管理,应确保对所有提出的更改在实施前加以评审;文件发布前得到批准,关于记录管理,应建立并保持记录,以提供符合要求的证据;记录应保持清晰、易于识别和检索;应规定记录的标识、贮存、保护、检索、保存期限和处理所需的控制点和现行修订状态得到识别;确保在使用处获得适用文件的有关版本,外来文件得到识别,并控制其分发;防止作废文件的非预期使用,若因某种原因而保留作废文件时,应确保对这些文件进行适当的标识。

九 外部沟通和应急预案

1.外部沟通

外部沟通是指企业外部对企业的食品安全管理体系运行有效性有影响的所有相关方之间的沟通,包括组织的供应商、承包商,客户,消费者,执法监管部门和其他组织等。

外部沟通的目的是通过与处于食品链的各个相关方交换、获取食品安全有关信息,确保食品安全危害在食品链的每一环节通过相互作用得到控制,具体可表现在以下几个方面。

(1)来自外部的供应商和承包商

针对那些必须在食品链的其他环节得到控制的食品安全危害,而不由或不能由企业自身控制,可与食品链的上下游进行沟通,要求对相关方面进行控制。比如农药残留的监控问题,很多组织没有条件建立自己的基地,只能以与种植户或中间收购商签订协议的方式,在协议中明确农药使用种类及方法等,并通过沟通使其认识农药残留对产品安全的危害性,达到控制农药残留的目的。另外,针对承包商的沟通也是非常重要的,需要组织及时沟通了解、掌握其控制食品安全的措施,必要时应予以现场指导、督查直至更换承包商,最直接的例子就是针对生产加工过程的外包控制。

(2)来自客户和/或消费者

通过与客户和/或消费者的沟通,及时获取客户和/或消费者对食品的安全要求,从而确保食品链内或消费者的安全搬运、陈列、储存、制备、分发和使用有关的产品信息。例如,当组织的生产过程中出现异常时,如金属探测器故障、监控设施验证出现非预期的偏离等导致产品安全风险加大时,组织可以通过与客户沟通的方式在保证客户原料供给的前提下,要求客户的后续控制措施加强,可以共同实现食品链产品的安全,在不影响食品链生产的同时也可以保证最终消费者的安全。

通过与客户和/或消费者沟通,获得需要由食品链内其他组织和/或

消费者控制的已确定的食品安全危害,例如,与最终消费者的沟通,需要明确告诉消费者有关产品的必要信息,如预期用途、特定的贮存要求以及保质期等,从而保证消费者能正确安全地获得和食用该产品,防止发生不必要的食品安全事故。

一定要重视客户和/或消费者的合同约定、订单及其补充协议或条款,尤其针对其中的一些危害性指标进行严控,以确保食品安全。如客户订单中约定的水分含量,可能会导致食品的变质,组织就必须在生产加工过程中,对相关的环境、设备、设施、操作等要求做出规定,并严格执行。

应重视客户和/或消费者的反馈意见,对消费者的问询给予耐心、详细、明确的答复。对待顾客的反馈信息,包括他们的投诉、抱怨等,需及时进行沟通和处理。

(3)来自法律监管部门

组织应保持与立法、执法、监管部门以及其他相关组织的沟通,可以随时获取立法、执法、监管部门的食品安全要求,了解食品安全控制动向。

(4)来自其他组织

组织应积极参与、保持与那些对食品安全管理体系的有效性或更新有影响或受其影响的其他组织的沟通,如行业性协会、媒体、检验机构、认证机构、科研院所等,积极获取相关的食品安全知识、经验、方法等,用于本组织的控制措施的持续改进。

2.应急预案

应急预案是企业对自身可能发生的食品安全事故或紧急情况做好应急准备与响应控制措施,为确保食品安全事故或紧急情况发生时得到及时处理,减少风险和损失而制定的指导性文件。应急预案要把保障公众健康和生命安全作为应急处置的首要任务,建立领导机构,明确分工,统一领导。

组织在编写应急预案时,首先应结合组织实际,即对组织可能发生的事故和紧急情况进行预测,提供应急预案编制的依据,为应急准备和响应提供必要的信息和资料。

识别潜在紧急情况和事故时,要以企业所使用的原料、产品以及生产工艺自身特点分析生产过程、生产设备、运输的具体情况,识别出可能发生的事故和紧急情况,如重大的食品安全事故,停水、停电、设备故障、火灾、爆炸等突发情况。

应急预案的核心内容一般包括:

①潜在紧急情况或事故性质及其后果的预测分析、评价,对产品安全性带来的主要影响,万一发生事故或紧急情况所采取的措施;

②应急各方的职责、权限,如组织应急领导小组、临时指挥者及其候补负责人名单、应急准备和响应(现场生产安排指挥、产品处理、设备修理、生产恢复)等各阶段中的主要负责人、协助部门及任务分工;

③应急准备和响应中可用人员、设备设施;经费和其他资源,必要时包括社会和外聘人员,如组织和市消防队员、医疗人员、食品安全专家、环境监测人员等,明确他们的联系电话和备用电话,规定报警、联络步骤。

④在潜在事故发生时,明确做出响应步骤,尽可能减少食品安全影响,采取安全有效的措施消除危害后果,明确规定恢复现场的职责、步骤,规定现场清理和设施恢复步骤和义务。针对恢复后的生产情况进行监测、事故调查和事故后果评估,以达到避免现场恢复过程中可能存在的紧急情况和新污染的目的,并为长期恢复提供建议和指导,明确规定对应急预案的全员培训和演练的计划、频次、内容,演练或突发事件后,在规定时间内定期评审预案等;

⑤涉及潜在不安全产品时,组织应针对潜在不安全产品启动相应的纠正和纠正措施,并按照潜在不安全产品处理程序对受到影响的产品进行评估后给予处置。

十 文件要求

公司的管理体系文件通常分为4个层次:手册、程序文件、部门管理制度汇编(包括作业文件、管理制度等)、记录。ISO 的新版国际标准如质

量管理体系（ISO 90001）、环境管理体系（ISO 14001）和食品安全管理体系（ISO 22000）等均采用了高级结构，便于各个管理体系的融合，食品安全标准没有要求必须建立食品安全手册，但是标准明确了必须要形成成文信息即文件和记录。

1.标准中要求必须形成的文件有（括号内为ISO 22000：2018相应的条款）：

①确定食品安全管理体系的范围（4.3）；

②沟通食品安全方针（5.2.2）；

③组织应在食品安全管理体系的相关职能和层次上建立食品安全目标（6.2.1）；

④前提方案（8.2）；

⑤应急准备和响应（8.4）；

⑥原材料、配料和产品接触材料（8.5.2）；

⑦终产品的特性（8.5.3）；

⑧危害分析和控制措施的确定（8.5.2.2）；

⑨危害评估（8.5.2.3）；

⑩控制措施的选择和分类（8.5.2.4）；

⑪危害控制计划（8.5.4.1）；

⑫关键限值和行动标准［在基于观察（如目视检查）的主观数据监视某一操作前提方案时，应使用说明书或规范加以辅助］（8.5.4.2）；

⑬不合格品的控制（8.9.2.1）；

⑭纠正措施（8.9.3）；

⑮撤回和召回（8.9.5）；

⑯其他需要制定的文件，如：通常食品生产服务组织还需要指导生产服务过程，一般需要建立以下文件。

例如，食品防护计划、致敏原交叉接触管理制度、食品欺诈预防和缓解计划、文件记录控制规定、环境卫生及安全管理制度、设备维护保养制度、润滑油使用规定、SSOP、检验计划（含原辅料半成品、成品检验、PRP

和危害控制计划验证规定、潜在不安全产品评估处置规定等)、原辅料、包材供方控制制度、顾客投诉处置规定、产品撤回及召回规定、产品追溯制度等。

2.标准中要求必须建立的记录有(括号内为标准号):

①人员能力的证据(含外部专家)(6.2.2);

②食品安全的外部要素(7.1.5);

③外供方的评价和再评价(7.1.6);

④外部沟通的证明(7.4.2);

⑤证明过程已经按策划进行所需的记录(8.1);

⑥追溯体系的证明(8.3);

⑦终产品的预期用途(8.5.4);

⑧流程图现场确认(8.5.5);

⑨控制措施能够达到预期结果的证据(8.5.3);

⑩危害控制计划的实施记录(8.5.4.5);

⑪监视和测量资源的校准与检定(外校与内校)的证据(8.7);

⑫不合格(含不合格品)与纠正措施的证据(10.1);

⑬潜在不安全产品的处理和不合格产品的处置(8.9.4);

⑭产品验证的记录和产品放行评估结果(8.9.4.2);

⑮撤回/召回的记录(8.9.5);

⑯分析和评价的结果(9.1.2);

⑰内部审核实施及其结果的证据(9.2);

⑱管理评审结果的证据(9.3);

⑲管理体系更新的记录(10.3);

⑳其他需要制定的记录,如通常食品生产和服务企业根据法律法规、追溯和顾客的要求补充的部分记录(如每日卫生检查记录、消毒液配置和监测记录、灭鼠检查记录、杀虫剂使用和保管记录、化学品出入库及使用记录、成品出库温度检测记录、冻库温度监控记录、厂区卫生、安全检查记录、文件发放和回收记录、成文信息报废和销毁记录、顾客投诉处

理记录、危害控制计划确认及验证记录等)。

▶ 第三节 案例分析

洽洽食品股份有限公司质量安全管理体系建设实践。

一 企业简介

洽洽食品股份有限公司地处国家级安徽省合肥市经济技术开发区，成立于2001年8月9日，是农业产业化国家重点龙头企业和坚果炒货行业领军企业。2011年3月，洽洽食品股份有限公司在深圳证券交易所挂牌上市，成为中国"坚果炒货第一股"。通过20多年的艰苦奋斗，已在全球建立100多万亩坚果种植基地和十大自有工厂，从源头确保产品品质，逐渐从一个畅销全国各地的民族品牌，变成了畅销东南亚、欧美等50多个国家和地区的国际化品牌。

洽洽深耕坚果全产业链，助推坚果产业发展，与相关合作科研单位长期紧密合作，成立了国家坚果加工技术研发专业中心（农业农村部认定）、中国坚果营养研究中心、安徽省洽洽食品设计研究院、省级企业技术中心等技术创新研发机构。主持和参与制订了多项国家、行业、团体标准，以规范坚果与籽类产品的安全生产，引导行业健康发展。主持和参与制定的国家、行业、团体标准共32项，累计授权专利255项，先后荣获"中国驰名商标""国家科学技术进步奖二等奖"、合肥市第一届"合肥市市长质量奖金奖"等。公司先后导入QMS、FSMS、HACCP、BRC、可追溯体系、OHSAS、EMS、有机、低GI产品等体系并通过认证。

公司主要生产炒货类、膨化类、焙烤类等坚果休闲产品，在多体系建设的基础上，融合形成洽洽质量和食品安全管理体系，其中，食品安全管理体系发挥了巨大作用。

二 食品安全管理体系建设目标

通过质量和食品管理体系的建设,引导全员认知、解读质量和食品安全,并在长期生产经营中自然形成与质量和食品安全相关的意识规范、价值取向、思维方式、道德水平、行为准则等,打造"讲良心、树标杆、能开放、守红线"的洽洽质量文化。

三 建设原则

统一策划、运行有效、全员参与、定期复盘。

四 建设内容

1. 明确目标

与公司愿景、使命、价值观保持一致,将质量方针贯彻到产品生命周期的全过程,通过全面食品安全质量管理,落实全员参与、全程控制、全面提升的"质造"文化。

2. 资源支持

依托公司食品安全建设,公司全员参与建设食品安全,部门共创合作,梳理需求,明确各部门职责,资源匹配渠道,如信息收集渠道、食品安全建设平台、外部培训资源、技能PK方案和费用等。

3. 制定方案

在公司食品安全的前提下,全员参与,提炼打造"讲良心、树标杆、能开放、守红线"的质量安全文化口号。

全链条布局,从设计端、生产端、销售端分析,全员参与,制定红线。

采用口号、红线、全员培训,多方式宣贯,包括会议培训、班前会宣讲、看板等,同时宣贯到相关方,如供应商等。

从设计端、生产端、销售端出发,收集质量文化开展需求,结合内外审核分析的薄弱点,策划"年度质量年"活动,分季度、分类别制订计划,例如:每天都是3·15、质量宣传月、技能王PK、品鉴官行动、人人都是内

审员等,同时还开通员工食品安全反馈渠道、制定考核规则。

4.培训、宣传

(1)实施

根据质量文化活动方案,组织各部门按计划实施,实施结果通过文化平台、标杆模范宣传、看板、宣传海报等形式进行全员宣传。

(2)复盘

结合质量月会、公司文化建设等,按月评估质量和食品安全文化开展情况,按照PDCA的方法,复盘食品安全管理活动,及时分析问题、查找原因、总结经验和教训,识别管理薄弱点及风险点,及时采取有效措施,调整完善活动方案或管理制度,从而做到食品质量安全建设的持续改进。

第九章

危害分析与关键控制点体系认证

食品生产加工过程(包括原材料采购、加工、包装、贮存、装运等)是预防、控制和防范食品安全危害的重要环节。《食品安全法》第四十八条规定"国家鼓励食品生产经营企业符合良好生产规范要求,实施危害分析与关键控制点体系,提高食品安全管理水平"。

危害分析与关键控制点(HACCP)体系是一种科学、合理、针对食品生产加工过程进行过程控制的预防性体系,这种体系的建立和应用可保证食品安全危害得到有效控制,以防止发生危害公众健康的问题。

2021年7月,中国国家认证认可监督管理委员会发布《危害分析与关键控制点(HACCP)体系认证实施规则》(CNCA-N-001:2021),规定HACCP管理体系认证依据为危害分析与关键控制点(HACCP)体系认证要求(V1.0)。适用时,为满足进口国(地区)的需求,认证机构可将国际食品法典委员会(Codex Alimentarius Commission,CAC)制定的《食品卫生通则》作为补充的认证依据。

本章主要从申请HACCP体系认证的条件、生产经营企业管理要求、案例分析等方面进行解析。

▶ 第一节 申请HACCP体系认证的条件

一 资质要求

任何计划申请HACCP认证的生产经营企业都应具备一定的基础条

件才能开展此项工作,而企业应具备的条件不仅包括以下的基本要求,也应根据这些基本要求和本章第二节的管理要求形成适合企业自身特点及其产品要求的管理制度。基本要求包括:

(1)取得国家市场监督管理部门或有关机构注册登记的法人资格(或其组成部分)。

企业应具备有效的营业执照、外资企业证明等法人资格或分支机构营业执照,若有变更,应有市场监督管理部门出具的证明材料。

(2)取得相关法规规定的行政许可文件(适用时)。

行政许可文件中包括但不限于食品生产许可证、食品经营许可证、印刷许可证、生产许可证等;部分食品加工企业可能没有类似生产许可证等行政许可文件;出口企业还应包括出口备案证明等行政许可文件。

(3)未被国家企业信用信息公示系统列入"严重违法失信企业名单"。

企业可以登录国家企业信用信息公示系统(http://www.gsxt.gov.cn)进行查询,并下载或截图予以证明。

(4)生产经营的产品符合我国和进口国(地区)相关法律法规、标准和规范的要求。

仅在国内生产经营的企业(以销售地为准,产品仅在国内销售)应识别、收集、理解这些相关要求并生产经营符合这些要求的产品;外销的生产经营企业则还应识别、收集、理解这些进口国(地区)即产品消费地相关要求并生产经营符合这些要求的产品。

(5)建立和实施文件化的HACCP体系,且体系有效运行3个月以上。

企业应依据《危害分析与关键控制点(HACCP)体系认证实施规则》规定的认证依据和要求制定体系文件,包括但不限于HACCP手册、程序文件、HACCP计划、前提计划、食品防护计划等,及适用于企业实际情况的规章、制度、记录等;企业的体系文件应至少实施3个月,且有相关的记录作为证据,具体内容见本章第二节——生产经营企业管理要求。

(6)1年内未发生违反我国和进口国(地区)相关法律法规、标准和规范的要求。

企业需要明白,任何违规违法的事情都是认证所不允许的,企业如果隐瞒违规违法行为,则被认为是不诚信,即使已获得HACCP认证证书也会被暂停甚至撤销。

(7)3年内未因违反《危害分析与关键控制点(HACCP)体系认证实施规则》中4.2.2(4)或(5)条款而被认证机构撤销认证证书。

《危害分析与关键控制点(HACCP)体系认证实施规则》中4.2.2获证组织出现严重食品安全卫生事故或对相关方重大投诉未能采取有效处理措施的;获证组织虚报、瞒报获证所需信息的。这两个条款是企业应保持的底线,也是绝对不能触碰的红线。如果因为这两个条款而被认证机构撤销过认证证书的企业,在认监委网站有所记录,将在5年内不被任何认证机构接收认证申请。

二 认证申请要求

企业应评估相关基础条件是否满足如上要求,生产加工车间和相关场所是否持续满足相应法律法规、标准和规范的要求,同时应准备如下相关文件和资料,但不限于所列内容:

(1)认证申请。

认证申请是生产经营企业向认证机构阐述大体情况的资料,详细阐述申请HACCP认证所需要的基本信息,如名称、注册地址、生产地址、产品名称等。常见的认证申请是由认证机构制订固定格式的"认证申请书"和"认证调查表",需要企业盖章和/或签字确认,填写信息要真实、准确、无误。

(2)法律地位证明文件复印件。

生产经营企业应提供法律地位证明文件复印件,如营业执照、外资企业许可证等。

(3)有关法规规定的行政许可文件和备案证明复印件(适用时)。

生产经营企业应提供行政许可文件和备案证明复印件,适用时包括但不限于食品生产许可证、食品经营许可证、印刷许可证、生产许可证

等,包括许可证包含的副本、附页;部分食品加工企业可能没有类似生产许可证等行政许可文件;出口企业还应包括出口备案证明等行政许可文件。

(4)HACCP体系文件(包括产品描述、工艺流程图、工艺描述、危害分析及相应的控制措施及验证要求等)。

根据HACCP认证依据要求,生产经营企业应策划、制定、实施适用于自身的规章制度,包括HACCP手册(此为企业HACCP体系的纲领性文件,并由此引出其他体系文件和规章制度,类似于企业的宪法)、良好生产规范(GMP)(此为企业根据国家标准、规范等结合自身情况制订出的基本制度,类似于企业关于生产加工操作的总则)等文件,具体内容见本章第二节——生产经营企业管理要求。生产经营企业应在体系文件中清晰描述产品及加工工艺的各个步骤,描述的程度应确保操作人员准确无误地进行操作,以防遗漏或错误操作,如温度、湿度、时间、速度等参数。在此基础上,对每一步骤进行危害分析并制定出对识别和分析出的各个食品安全危害的控制措施,并适时对控制措施予以验证。总之,HACCP体系文件是生产经营企业的重心,应精心策划,严格执行。

(5)组织机构图与职责说明。

生产经营企业应建立严密的组织机构,包括但不限于生产部门、质量部门、技术部门、行政人事部门等;组织结构应与规章制度保持一致,还应适用于生产经营;此外,还应明确各个部门、各个岗位的职责和权限,确保HACCP体系落实到实际工作过程中。

(6)厂区位置图、平面图,加工车间平面图,加工生产线、季节性生产和班次的说明。

生产经营企业应在厂区和各区域的规划基础上,绘制出厂区位置图、平面图、加工车间平面图,其详细程度应描绘出工厂四周情况、厂区分布情况及车间内各区域划分情况、设施设备放置和使用情况、人员行动方向、物资流动方向、虫鼠害防治情况等,必要时还包括生产用水流动方向、洁净空气流动方向等;并详尽说明生产线的数量、设计和实际生产能力、全年生产还是某个时间段生产、有无倒班等情况。生产经营企业需在认证机构的认证调查表中一一对应地描述和/或提供说明材料。

（7）食品添加剂使用情况说明，包括使用的添加剂名称、用量、适用产品及限量标准等。

生产经营企业应跟踪了解相关法律法规、标准和规范的动态，及时识别、收集、理解食品添加剂的规范性管理文件，持续保证食品添加剂的规范使用。生产经营企业应根据相关规范性管理文件分别描述"在使用的各种食品添加剂名称、用量、适用产品、限量标准等"。

（8）生产、加工或服务过程中遵守适用的我国和进口国（地区）相关法律法规、标准和规范清单。

企业应确保生产、加工或服务过程中遵守法律法规、标准和规范等要求。因此，无论是企业的负责人还是技术人员都应该识别、收集、学习我国相关法律法规、标准和规范，如《食品安全法》《产品质量法》等法律，《食品安全法实施条例》《认证认可条例》等法规；如国家标准、行业标准、地方标准、企业标准等标准，如果执行企业标准，应该有标准备案的证据如备案截图、备案纸质标准、备案批准书等；以及《食品安全国家标准 食品生产通用卫生规范》（GB 14881—2013）、《食品安全国家标准 乳制品良好生产规范》（GB 12693—2010）等规范；当然如果企业属于出口企业，还包括进口国（地区）即产品消费地的法律法规、标准和规范等；部分出口企业的产品标准采用客户合同或协议的方式。

（9）生产、加工主要设备清单和检验设备清单。

生产经营企业应详细列出生产加工的设备，包括但不限于设备的名称、型号、数量、状态等，管理规范的企业还对设备进行编号、建立档案、规范使用部门等；生产用的检验设备（如计价秤、温度计、压力表等）和产品检验用的设备（如电子天平、温度计、压力表等）同样应列出清单。

（10）多场所清单及委托加工情况说明（适用时）。

多场所即存在多个生产加工地点，而非存在多个生产加工车间。当存在多场所时，生产经营企业应详细描述各个场所的具体位置并列出清单；如果企业存在委托加工的方式，应详细描述委托加工的情况。

(11)产品符合安全要求的相关证据;适用时,提供由具备资质的检验检测机构出具的接触食品的水、冰、汽符合卫生安全要求的证据。

生产经营企业宜定期委托检测产品,且保留检测报告。在开展HACCP认证时,需要企业提供产品符合安全要求的相关证据,而最近1年内的产品检测报告是相对直接的符合性证据,建议每个产品有1份检测报告,而国抽、省抽、市抽的产品检测报告,可作为证明产品符合安全要求的证据。如果在生产加工过程中需要用水、冰、汽做配料或用水、冰、汽接触产品,生产经营企业应把生产场所内的水、冰、汽送检;承检的检验检测机构应具备相关检测能力,建议选择通过认可的检验检测机构。

(12)承诺遵守相关法律法规、认证机构要求及提供材料真实性的自我声明。

诚信是生产经营企业的基本素养,应确保不违反法律法规、认证机构要求,且提供的材料真实。生产经营企业应签署提供材料真实的声明。

(13)其他需要的文件。

适用时,生产经营企业应提供其他资料,如环境评价资料、安全监督资料等。当认证依据发生变化时,企业也应提供对应变化所需提交的相关资料,如食品欺诈预防资料、过敏原防控资料。关于乳制品行业需要增加相关的文件和内容,如奶源半径、产品生产加工量核算等。生产经营企业还应关注认证机构的特殊要求,提供所需的资料,如某类产品认证实施细则等。

▶ 第二节　生产经营企业质量管理要求

任何一个食品生产经营企业的最主要责任就是生产经营安全的产品,在此过程之中HACCP体系是一种有效控制食品安全危害的系统化管理手段,但不能仅靠HACCP计划来解决管理过程中的一切问题。尤其当企业的基础条件和卫生条件很差、日常管理不严格、员工的意识和能力不足的时候,都会引来或多或少的食品安全问题。

要运用好HACCP体系这个管理手段,生产经营企业就应具备良好的前提条件。结合企业自身实际情况,充分策划HACCP体系所涵盖的各个过程和要求,如基本要求、良好卫生规范、前提计划等,让全体员工真正贯彻落实,夯实基础,严控食品安全危害,保证食品安全。

一 基本要求

1.总要求

最高管理者(通常是总经理或董事长或法定代表人)是确保HACCP体系良好运行的前提,其食品安全意识和管理能力应持续保持和提升。最高管理者应指派相应的负责人如HACCP小组组长开展相应的工作:

①策划、实施、保持、改进、更新HACCP体系需要的每个过程和因素,且保证有人力、物资、设备、场所、资金等资源,保证每个环节能保质保量完成。

②识别企业产品所处的食品链位置,确定企业的HACCP体系的范围,明确该范围所涉及的步骤与食品链范围内其他步骤之间的相互关系。

③建立、实施和保持对食品安全有影响的所有过程和操作,包括外包装过程的控制程序,以确保符合我国和进口国家(地区)食品安全法律法规要求,并在HACCP体系中加以识别和验证。在验证时,应重点关注产品安全与相关法规、标准的符合性。

④确保HACCP体系得到有效实施,使食品安全得到有效控制。当食品安全发生系统性偏差时,应对HACCP计划进行重新确认,持续改进HACCP体系。

为了保证HACCP体系的有效性,管理的对象包括最高管理者的管理过程,含前提计划的HACCP应用过程,验证、分析和改进过程。体系的建立包括规定企业在HACCP体系内的结构、职责、过程和资源;体系建立的结果应当文件化;体系实施指运行体系的过程;体系保持表示持续运

行这些过程;体系更新要求将相关的最新信息、技术、方法等要素应用于这些过程的运行,以保持过程实现所策划结果的能力;体系的持续改进要求不断地将相关的先进理论、技术、方法等要素应用于这些过程,以提高过程实现所策划结果的能力;确保体系的有效性要求切实保证HACCP体系过程的运行能够实现所策划的结果。

最高管理者的管理过程是实现HACCP体系的前提和保证;前提计划、HACCP计划规定了对潜在危害、显著危害进行预防、实施控制的过程;验证、分析和改进过程用以验证和保证HACCP体系持续的有效性。

2.体系文件要求

体系文件包括HACCP手册、程序文件、前提计划、HACCP计划、食品防护计划、规章制度、作业指导书、操作规程等。体系文件是HACCP体系运行的依据,可以起到沟通意图、统一行动的作用。HACCP手册是规定企业HACCP体系的文件,HACCP手册应包括:

①HACCP体系的范围,包括所覆盖的产品或产品类别、操作步骤和场所,以及与食品链范围内其他步骤之间的相互关系;

②为HACCP体系编制的形成文件的程序或对其引用;

③HACCP体系过程及其相互作用的表述;

④HACCP体系要求是对文件的编制、评审、批准、标识、发放、使用、更改、再批准、召回、作废、处置等全过程的系统管理。HACCP体系的实施主要依靠文件统一员工的行动,任何文件错误将直接影响体系运行的有效性。

需要提醒的是,记录也是一种特殊类型的文件,用于提供所完成活动的证据,不能随意更改,应需批准。记录是证实HACCP体系的符合性和有效性的主要证据之一,并为体系的更新或改进提供线索。这些记录至少包括:

①本章第一节中所需的记录;

②前提计划所需的记录;

③HACCP计划所需的记录;

④内外部沟通所需的记录；

⑤管理评审所需的记录；

⑥内部审核所需的记录；

⑦过程监视、测量和确认所需的记录；

⑧产品监视、测量和确认所需的记录；

⑨信息收集和分析所需的记录；

⑩改进所需的记录等。

3.管理职责要求

有效的管理需切实地落实，企业在运行HACCP体系的时候，需确保下面几个方面真正做到位，确保产品安全。

（1）管理承诺。

最高管理者应让员工和消费者了解食品安全的重要性，制定食品安全方针，落实食品安全目标，主持管理评审工作，保证人、财、物等资源的提供。管理承诺提供证据的活动需要最高管理者直接负责。最高管理者所做承诺的实现对HACCP体系建立与实施的有效性具有重要意义。

最高管理者应通过以下活动，提供建立和实施HACCP体系所做承诺的证据：

①对HACCP体系的有效性负责；

②将满足顾客和法律法规对食品安全要求的重要性传达到企业的各级人员；

③确保制定的食品安全方针和目标与企业的战略方向一致；

④确保将HACCP体系的要求整合到企业的运营管理之中；

⑤确保企业食品安全文化的推行；

⑥进行管理评审；

⑦确保各级员工关注食品安全问题，并鼓励有效的内部报告；

⑧确保资源的获得。

（2）合规义务。

企业应识别法律法规要求、顾客要求及与HACCP体系有关的相关方

的需求和期望,并从中识别确定其合规义务。

企业应保留确定合规义务的文件和记录,并保持更新。

(3)食品安全文化。

最高管理者应确保履行食品安全责任,建立企业的食品安全文化,应至少包括以下几个方面内容:

①通过培训让员工知晓企业食品安全文化,形成良好的食品安全意识;

②传播和有效沟通企业的价值观,确保各级员工积极参与企业的食品安全文化建设,及时获得员工的反馈信息;

③对食品安全文化活动及绩效进行评价,必要时加以改进。

企业应将保留构建及改进食品安全文化的记录。

(4)食品安全方针、目标。

最高管理者应当建立以消费者食用安全为关注焦点的理念和意识,并制定相应的食品安全方针。食品安全方针要通过满足食品安全目标来实现。食品安全方针的内容应包括满足消费者和法律法规对食品安全要求的承诺,与企业在食品链中为保证食品安全方面所承担的责任相适应,提供制定和评审食品安全目标的框架,在企业内得到充分沟通和理解,在持续适宜性方面得到评审。

为了实现方针,最高管理者应当确保在企业的相关职能和层次上建立食品安全目标,食品安全目标包括满足安全产品要求所需的内容。食品安全目标应当是可测量的,并与食品安全方针保持一致。

最高管理者应制定、实施保持食品安全的方针,方针应:

①适应企业的宗旨和环境;

②为制定和评审食品安全目标提供框架;

③包含满足法律法规要求和顾客要求相关的食品安全承诺;

④包括持续改进HACCP体系的承诺;

⑤确保满足食品安全相关的能力需求;

⑥在持续适宜性方面得到评审。

食品安全方针应在企业各级人员内进行沟通、理解和应用。适宜时,相关方可获取食品安全方针。

最高管理者应确保在企业的相关职能和层次上为HACCP体系制定食品安全目标,目标应:

①与食品安全方针保持一致;

②可测量;

③与适用的合规义务相适宜;

④适当时予以更新。

(5)职责、权限与沟通。

最高管理者应当根据策划的安排,确保企业在食品安全HACCP体系内的职责和权限得到规定和沟通。体系策划的结果确定了HACCP体系过程对企业的职责、权限的需求,为企业做出相应规定提供了依据。进行职责和权限沟通的目的是保证HACCP体系过程的有效运行,使企业的行动协调一致,发挥体系的作用,为HACCP体系的有效性提供企业保证。当HACCP体系发生变更时,如果影响到已规定的职责和权限,企业应当重新予以规定和沟通。

最高管理者需指定一名HACCP小组组长,确保HACCP体系所需的过程得到建立、实施和保持,向最高管理者报告HACCP体系的有效性、适宜性和任何更新或改进的需求,确保在整个企业内提高满足消费者、法律法规和主管部门的食品安全要求意识,指导企业和HACCP小组的工作,并通过教育、培训、实践等方式确保HACCP小组成员在专业知识、技能和经验方面得到持续发展。HACCP小组组长对HACCP体系的建立、实施和保持负有直接责任,对体系的更新和改进负有向最高管理者报告的责任。

最高管理者应规定企业内各部门在HACCP体系中所承担的职责和权限,确保相关岗位的职责和权限在组织内进行分配、沟通和理解。

最高管理者应任命HACCP小组组长并确认其职责权限,同时应:

①确保建立、实施、保持和更新HACCP体系;

②带领HACCP小组工作；

③确保HACCP小组成员能够胜任，必要时，组织HACCP小组成员的相关培训和能力提升活动；

④向组织的最高管理者报告HACCP体系的有效性和适宜性。

最高管理者应当确保在企业内建立、实施和保持有效的沟通过程，方式方法包括开会、通知、微信、邮件、公告等，形式可以是现场、视频、电话等，通过这些内部交流保证HACCP体系的有效性，应当确保在HACCP体系相关各类信息发生变化时，能及时进行沟通。内部沟通可以增进体系各过程的责任人员之间的相互理解和协调，是过程有效运行的必要条件之一。内部沟通结果是信息分析过程的重要信息来源。

企业应建立、实施和保持有效的内部沟通，收集对食品安全有影响的信息，确保HACCP小组及时获取可引起HACCP体系变更的信息，保持HACCP体系的持续更新和有效性。

最高管理者应确保HACCP体系的相关变更信息作为管理评审的输入。

最高管理者应确保所有人员都有责任向上级管理者，直至最高管理者报告所关注到的食品安全问题及隐患。

最高管理者应确保消除妨碍员工参与报告的障碍，制定鼓励报告的上传、严禁威胁报复或惩罚的政策以保护报告人。设立专门的报告渠道，鼓励员工及时监督和举报与产品质量、食品安全和合规义务相关的内部运营缺陷或违规行为。

应保留内部报告的记录。

最高管理者应当确保企业与供应商、承包方、消费者或其他顾客、食品安全主管部门以及其他产生影响的相关方进行必要的沟通，以保障产品的食用安全。企业实施外部沟通的对象主要是食品链内对保障所提供产品的食用安全产生影响的企业，沟通内容对保障企业所提供产品的食用安全应当具有必要性。

企业应确保与外部沟通的信息充分，并可供食品链的相关方获得。

企业应与下述各方建立、实施并保持有效沟通：

①外部供应商和承包商；

②客户和/或消费者；

③监管部门；

④对HACCP体系的有效性或更新有影响或受其影响的其他组织。

企业应规定负责对外沟通食品安全有关信息人员的职责和权限。负责外部沟通的人员应接受适当培训，充分了解企业的产品、相关危害和HACCP体系，并经授权。

适当时，外部沟通获得的信息可作为管理评审输入，并用于更新HACCP体系。

应保留外部沟通的记录。

二 前提计划

企业应建立、实施、监视、验证、保持并在必要时更新或改进前提计划，以持续满足HACCP体系所需的卫生条件。企业的前提计划应经批准并保留记录。

1.人力资源

企业应制订并实施人力资源保障计划，确保从事食品安全工作的人员能够胜任。保障计划应对这些管理者和员工提供持续的HACCP体系、相关专业技术知识及操作技能和法律法规等方面的培训或采取其他措施，确保各级管理者和员工掌握必要的技能。对培训和其他措施的有效性要进行评价，并保持人员的教育、培训、技能和经验的适当记录。

在确定企业人员的能力时，应考虑各部门员工在企业中的职责和作用，以及保证部门之间的良好沟通和协调；详细制定员工能力要求文件，便于进行有针对性的培训；确保员工具备必要的技能和能力，能够胜任食品安全相关工作；确保员工具有食品安全意识，认识到其所从事的活动对食品安全的重要性。根据企业的生产加工性质，提供HACCP体系的理论及应用、相关专业技术知识（特别是食品专业知识）和法律法规（包

括国家新的政策法规,如果企业产品出口,同时包括进口国有关法律法规和标准)以及员工在体系中的职责、作用等方面的培训和技能训练,具体可包括良好卫生规范、良好操作规范、企业其他前提计划、工艺技术(如杀菌工艺、巴氏杀菌等)、HACCP(关键控制点)、致敏物的管理、监视技术、沟通等方面的培训。培训应具有针对性,对于管理层、关键工序的人员、一般操作人员、后勤服务员工应具有不同的培训计划,并应定期审核和修订培训内容,建立一个培训系统。

通过评价,如果培训没有达到预期的目标,应及时调整培训计划,增加培训频率。特别是对个别员工,应充分利用企业内部的人力资源,进行有针对性的培训。经过适当的教育和培训,使从事影响食品安全工作的人员获得相应的技能和经验,从而能胜任相应的工作,以保证HACCP体系的有效性和正确实施,并且持续保持及时更新。

企业应建立人力资源管理程序,确保从事食品安全工作的人员能够胜任,且满足以下要求:

①对管理者和员工提供持续的培训,培训内容包括但不限于HACCP体系、专业技术知识及操作技能、法律法规等方面,确保相关人员具备必要的能力;

②评价所提供培训或采取其他措施的有效性,必要时,应进行再次培训;

③保留人员的教育、培训、技能和经验的适当记录。

2.良好卫生规范

企业应按照适用的法律法规、标准、操作规范和指南要求,建立、实施、保持和更新良好卫生规范,以预防和(或)减少产品中的、生产经营过程及产品所处环境中的污染。

企业应保留良好卫生规范相关文件。企业应按策划的时间间隔对良好卫生规范、程序进行评审,当产品、流程和其他与业务相关的活动发生变更时应实施评审。

企业应对良好卫生规范的运行实施监视和测量。企业应基于风险分析,建立环境监测计划,以减少食品污染的风险。

企业应对良好卫生规范实施效果进行验证,以确定能否保障食品安全和可食用性。验证活动应包括对监视测量、纠正措施、记录的审核及卫生清洁效果的评估。

3.产品设计和开发

适用时,企业应建立、实施和保持产品设计和开发程序,以确保新产品研发、产品发生变化或产品生产工艺发生变更时,能够持续生产符合食品安全法规要求的产品。

4.采购管理

采购管理应防止在原料、食品添加剂、食品相关产品,以及外部提供的服务中存在食品安全危害,建立对食品安全有影响的供方评价、批准和监控程序,至少包括以下几个方面的要求:

①紧急情况下的采购要求;

②评估供方提供安全卫生的产品或服务的保障能力,必要时,对供方的食品安全管理体系进行文件审核或现场审核;

③保持和更新合格供方名录;

④确定验收准则,确保仅接收符合食品安全要求的物料和服务,包括核查原料、食品添加剂、食品相关产品的检验检疫、卫生合格证明、追溯标识、包装完好情况,以及外部提供服务的能力证明等;必要时,对原料、食品添加剂、食品相关产品的安全卫生指标实施有针对性的检验和验证;

⑤当使用外部检测服务机构对原料、食品添加剂、食品相关产品进行验证时,应确保该检测服务机构具备相应的法定资质和能力;

⑥应识别影响食品安全的外包过程,制定并实施控制措施,保留实施记录。

5.监视和测量

企业应实施监视、测量活动,以确定相关程序按策划实施,符合规定准则要求。

企业应确定适宜的监视和测量方法。适用时,应包括监视和测量对象、人员、频次、抽样及分析方法等,以确保监测结果的有效。

当监测结果显示偏离规定的准则时,企业应采取纠正和/或纠正措施。

应保留监视和测量记录。

企业应准确识别、定期校准和维护用于测量食品安全相关关键参数的设施设备,其校准应依据国际或国家的测量标准。当不存在上述标准时,应记录校准或验证的依据。

6.标识和追溯

应建立、实施和保持产品标识和可追溯性程序,确保具备识别产品及其状态的追溯能力。至少满足以下几个方面的要求:

①在食品生产过程中,使用适宜的方法识别产品并建立唯一性标识,使其具有可追溯性;

②针对监控和验证要求,标识产品的状态,以确保对影响食品安全的任何不符合和不符合产品(包括对发现的被损坏的、返工的和从顾客处退回的产品)进行明确标识和有效管理,以防止擅自放行;

③应对标有产品成分表、致敏物质、识别码和其他关键信息的包装材料进行管理,防止误用;

④应保留进货产品追溯及必要的关键信息、进货查验记录和产品的发运记录;

⑤成品应严格按照销售目标国家(地区)适用的食品安全法规要求进行标识。当产品未贴标签时,应提供所有有关的产品信息,以确保顾客或消费者安全食用或使用;

⑥应定期对产品可追溯性开展验证,以确保其有效运行。

7.产品放行

应建立、实施和更新产品放行程序,确保放行产品满足质量、安全和顾客要求,未达到可接受水平的产品不得放行。应对生产过程进行监视和测量,以控制不合格产品。未经授权人员批准,产品不得放行。

保留授权放行人员和产品放行的记录。

8.产品撤回和召回

应建立、保持、评审、更新产品撤回和召回计划,确保及时撤回或召回受食品安全危害影响的全部放行产品。该计划应至少包括以下几个方面的要求:

①启动和实施产品撤回和召回计划人员的职责和权限;

②产品撤回和召回行动须符合的相关法律、法规和其他相关要求;

③受食品安全危害影响产品的撤回和召回措施;

④对撤回或召回的产品进行分析和处置的措施,包括对可能受影响的其他产品的评估和处置;撤回或召回的产品在最终完成处置前应在控制下保管,防止非预期使用。

应按照策划的周期,对产品撤回和召回计划进行演练验证其有效性。

应保持产品撤回和召回计划实施记录,包括原因、范围和采取的纠正措施等。

9.致敏物质的管理

应建立并实施针对所有食品生产经营过程及设施的致敏物质管理计划,以最大限度地减少或消除致敏物质交叉污染,至少满足以下几个方面的要求:

①应对原辅料、中间品、成品、食品添加剂、加工助剂、接触材料及任何新产品开发引入的新成分进行致敏物质评估,以确定致敏物质存在的可能性,并形成记录;

②应识别原料接收、加工、储存等所有相关过程中的致敏物质及污染途径,并对整个加工流程可能的致敏物质污染进行风险评估,避免致敏物质交叉污染的发生;

③应制定减少或消除致敏物质交叉污染的控制措施,可包括:对已识别存在致敏物质的原料、产品应实施标识;采用物理或时间隔离等措施防止含致敏物质的原料、产品与其他产品的交叉污染;通过清洁和产品线转换等措施防止意外致敏物质的交叉污染;必要时,应对加工操作

人员实施致敏物管理意识、方法和预防措施的培训；当采取了良好的控制措施仍不能防止致敏物质接触时，应实施消费者告知。

④应对减少或消除致敏物质交叉污染的控制措施进行确认和验证；

⑤对于产品设计所包含的致敏物质成分，或在生产中由于交叉接触所引入产品的致敏物质成分，应按照所在国家（地区）和产品目的国家（地区）的法律法规要求进行标识。

10. 食品防护

《美国食品安全现代化法案》强调了对质量体系的要求，建立和实施HACCP 计划，制定和实施食品防护计划，建立产品召回制度，建立食品追溯系统等。2008 年 1 月 30 日下午，日本厚生省通过中国驻日使馆向质检总局通报了日本发生消费者因食用中国出口速冻水饺而引起食物中毒的事件。该水饺事件对中国出口食品行业产生了较大的影响。国际食品法典委员会（CAC）进出口食品检查和认证分委会（CCFICS）在《国家食品安全控制体系建立导则》中增加食品防护内容。食品防护已逐步引起各国重视。我国也在 2010 年 11 月 10 日发布，2011 年 5 月 1 日正式实施了《食品防护计划及其应用指南 食品生产企业》（GB/T 27320—2010）。

食品生产加工企业需按照该标准建立适用于自己的《食品防护计划》，确保食品生产和供应过程的安全，通过进行食品防护评估、实施食品防护措施等，最大限度降低食品受到生物、化学、物理等因素故意污染或蓄意破坏风险的方法和程序。在制订食品防护计划时需要遵循以下原则：评估原则、预防性原则、保密性原则、整合性原则、沟通原则、应急反应原则、灵活性原则、动态原则。食品防护计划应至少包括食品防护评估、食品防护措施、检查程序、纠正程序、验证程序、应急预案、记录保持程序等。

针对人为的破坏或蓄意污染等情况，企业应建立、实施和改进食品防护计划，以识别潜在威胁并优先考虑食品防护措施。企业的食品防护计划应与 HACCP 体系整合。食品防护计划应包括但不限于以下内容：

①食品防护评估；

②食品防护措施；

③食品防护措施的监视；

④纠正和纠正措施；

⑤验证；

⑥应急预案；

⑦记录。

11.食品欺诈预防

企业应建立针对所有食品加工过程及设施的食品欺诈脆弱性评估程序和食品欺诈预防计划，最大限度地减少或消除识别的脆弱环节。食品欺诈则需要企业识别潜在的脆弱环节、制定预防食品欺诈的措施、根据脆弱性对措施的优先顺序排序，在此基础上收集以往和现行的食品欺诈威胁信息，并结合法律法规制订预防计划，实施具体的控制措施，尤其是供应商的食品欺诈更需重视，并对此进行确认和验证。

企业建立并保持食品欺诈脆弱性评估程序，包括：

①识别潜在的脆弱环节；

②制定预防食品欺诈的措施；

③根据脆弱性评估的结果，确定控制措施的优先顺序。

企业应收集有关供应链食品欺诈的以往和现存威胁信息，对食品链所有的原辅料进行脆弱性评估，以评估食品欺诈的潜在风险。企业应建立、实施和保持食品欺诈预防计划，以减少或消除识别的脆弱环节。

（1）食品欺诈脆弱性评估过程示例

食品欺诈的预防是一个连续的过程：

①对食品欺诈的脆弱性开展评估，识别可能导致欺诈的脆弱性漏洞；

②对食品欺诈的影响力开展评估，判断在公共健康和经济领域所造成的影响；

③对食品欺诈进行整体风险的评估，在前两步的基础上评定风险

级别;

④针对食品欺诈设定预防计划。

部分企业生产的产品成分复杂,必要时,还应进行风险的预筛选。

(2)实施食品欺诈预防计划(以经济利益驱动的食品欺诈缓解策略计划示例)

某复合调味料生产商更换了酱油的供应商,因为新供应商的价格非常具有竞争力,所以该复合调味料生产商决定实施食品欺诈预防的计划。

在实施影响因素评估时,该生产商确定了该供应商提供的酱油潜在的欺诈脆弱性:

①该供应商为自由市场的批发商,其对于酱油生产商没有审计和制约措施;

②该酱油的生产商为一般企业,经过调查发现,该酱油的生产商反复出现一些小的卫生问题;

③在行业内,存在使用某些有机物进行水解后增加氨基酸态氮的情况;而"三合一"和"四合一"酱油也时常存在;

④该生产商对质量控制检测酱油的投入极少,虽然开始制定酱油现场审查,但未实施;

⑤该生产商对酱油的脆弱性评估。

企业的食品欺诈预防计划应覆盖相关的食品类别,并被企业的HACCP体系所支持。企业应对食品欺诈的预防措施进行确认和验证,并持续地对食品欺诈预防计划进行评审,至少每年一次。

12.应急准备和响应

应建立、实施和保持应急准备和响应程序。应识别、确定潜在的食品安全事故或紧急情况,应制定应急预案和措施,必要时做出撤回或召回的响应,以减少食品可能发生安全危害的影响。

必要时,特别在事故或紧急情况发生后,企业应对应急预案予以审核和改进。应保持应急预案实施记录。应对应急预案进行定期演练并验证其有效性。

注:紧急情况包括使企业的产品受到不可抗力因素影响的情况,如自然灾害、突发疫情、生物恐怖等。

▶ 第三节　HACCP计划(PDCA内容)

HACCP计划是建立HACCP体系的核心内容,它具有产品和加工的特定性,也会因企业的具体情况发生变化。建立HACCP计划必须考虑各企业的特定条件,结合产品种类、生产加工过程等内容来策划适用于其实际情况的HACCP计划。运行HACCP计划必须落实到位,操作人员、监控人员、纠偏人员、放行人员都应各司其职,严控食品安全危害。监视HACCP计划必须科学到位,监视对象、监视频率、监视方法、监视设备、监视人员等都应合理配置,及时有效,防止潜在不安全产品进入流通领域。改进更新HACCP计划必须综合分析,对确认、运行、监视、验证HACCP计划过程中发现的问题汇总分析,有的放矢,持续改进,更加有效地控制食品安全危害。

如上所述,企业需要制定HACCP计划的数量取决于不同的产品种类,以及不同的生产加工过程。通常将产品分为不同的类别,对每个产品类别建立HACCP计划。如果通过相似的加工方法生产相似的产品,并且成品具有相似的危害,这些产品就可以使用同一个HACCP计划。但是如果生产不同的产品,或产品与生产过程相关的危害不同,就应分别按类制定HACCP计划。

此外,任何影响HACCP计划有效性因素的变化,如产品配方、工艺、加工条件的改变等都可能导致HACCP计划的改变,要对HACCP计划进行确认、验证,必要时进行更新。HACCP小组应根据HACCP七个原理的要求制定并组织实施食品的HACCP计划,系统控制显著危害,确保将这些危害防止、消除或降低到可接受水平,以保证食品安全。

企业在策划、制订、实施、监视和改进HACCP计划的过程中需要关注

如下的事项。

 **预备步骤**

1.HACCP小组的组成

HACCP小组的组成应满足企业食品生产的专业要求,由多专业的人员组成,包括卫生质量控制人员、产品研发人员、生产工艺技术人员、设备管理人员、原料及辅料采购、销售、仓储及运输管理等人员。必要时,HACCP小组可聘请具有专业知识的外部人员加入。

2.产品描述

企业应对自己生产的产品和各种原料、辅料、与食品接触的材料进行描述。

3.预期用途的确定

企业应确定自己生产产品的预期用途。应确定不同人群对产品的预期用途,包括过敏人群。

4.流程图的制定和确认

企业应制定并确认生产加工流程图,其详略程度应能包括各个重要的步骤和工序。

5.工艺步骤的描述

企业应针对流程图中的每一步进行详细的描述,包括各个控制参数、时间、设备要求、人员操作等。

二 HACCP计划的制订、实施、监视和改进(HACCP七个原理)

1.进行危害分析和制定控制措施

企业应根据生产加工流程图及相关过程进行充分的危害识别,指出每种食品安全危害可能被引入的步骤。危害识别时应充分考虑过程与过程的前后关系,在按照流程进行危害识别时不能孤立地只对工艺参数本身进行分析。

企业应对每一工艺步骤所识别的食品安全危害进行分析和制定控制措施。针对人为破坏或蓄意污染等造成的显著危害,企业还应建立食品防护计划作为控制措施。

2.确定关键控制点(CCP)

企业应对需要HACCP计划控制的每种危害,针对其控制措施确定关键控制点。

3.确定关键限值(CL)

企业应设计关键限值,确保控制所针对的食品安全危害。对于用于控制一个以上食品安全危害的关键控制点,则应针对每个食品安全危害建立关键限值。

4.建立关键控制点(CCP)的监控系统

企业应建立CCP的监视程序,包括监视对象、监视频率、监视方法、监视人员、监视工具等,该程序应提供与在线过程有关的实时信息。此外,监视工作应及时提供信息,做出调整,以确保过程受控,防止偏离关键限值。因此,可能没有时间做耗时的分析检验。

5.建立关键限值(CL)偏离时的纠偏措施

企业应规定超出关键限值时所采取的纠正和纠正措施。这些措施应确保查明不符合的原因,使关键控制点控制的参数恢复受控,并防止再次发生。

6.建立验证程序、对HACCP计划进行确认和验证

确认是操作前的评估,它的作用是证实单个(或者一个组合)控制措施能够达到预期的控制水平;验证是操作期间和之后进行的评估,它的作用是证实预期的控制水平确实已经达到。

验证的频率取决于用于控制食品安全危害达到确定的可接受水平或预期绩效措施的效果的不确定度,以及监视程序查明失控的能力。因此,所必需的频率取决于与确认结果和控制措施作用有关的不确定度(如过程变化)。例如,当确认证实控制措施达到的危害控制明显高于满

足可接受水平的最低要求时,控制措施的有效性验证可以减少或完全不需要。

7.建立文件和HACCP计划记录的保持系统

企业应保持HACCP计划制订、运行、验证等文件和记录系统,其记录的控制应与体系记录的控制保持一致。HACCP计划记录应包括相关信息。验证记录应至少包括的信息有产品描述记录、监控记录、纠偏记录、其他HACCP计划应有的记录。

▶ 第四节 持续改进

一 不合格和纠正措施

1.不合格

企业应建立不合格控制程序,该程序应包括退货产品的处置。

当发生不合格情况时,应对不合格做出处置,并在适用时:

①采取措施控制和纠正;

②处理相关后果。

2.纠正措施

企业通过以下方式评估是否需要采取措施消除不合格的原因,避免其再次发生或在其他地方发生:

①审查不合格;

②确定不合格的原因;

③确定是否存在或可能发生类似的不合格;

④实施所需的措施;

⑤审查采取的纠正措施的有效性;

⑥必要时对HACCP体系进行变更。

纠正措施应与不合格所产生的影响相适应。

3.不合格处置

企业应保留不合格处置记录,以作为以下证据:

①不合格的性质以及随后采取的措施;

②纠正措施的结果。

二 投诉处理

应建立、实施和保持投诉处理程序,对投诉及投诉信息进行管理,以确保在必要时对投诉进行评估并采取纠正措施。企业应规定负责投诉处理人员的职责权限。

应保留投诉处理的记录。

三 内部审核

企业应建立HACCP体系的内部审核程序,并按策划的时间间隔进行内部审核,以确定HACCP体系是否符合要求,并得到有效实施、保持和更新。

考虑拟审核的过程、区域的状况和重要性以及以往审核的结果,应对审核方案进行策划,以规定审核的准则、范围、频次和方法。

内部审核员的选择和审核的实施应确保审核过程的客观性和公正性,内部审核员不应审核自己的工作。

负责受审区域的管理者应确保及时采取措施,以消除所发现的不符合项及其原因。跟踪活动应包括对所采取措施的验证和验证结果的报告。

应保留内部审核记录。

四 管理评审

1.总则

最高管理者应按策划的时间间隔评审HACCP体系,以确保其持续的适宜性、充分性和有效性;评审应包括HACCP体系改进的需要,包括食品

安全方针。

应保留管理评审的记录。

2.评审输入

管理评审输入应包括但不限于以下信息：

①以往管理评审的跟踪措施；

②HACCP体系验证结果；

③可能影响食品安全的变化因素；

④紧急情况、食品安全事故和召回；

⑤包括顾客反馈的沟通活动的评审；

⑥外部审核或检验结果；

⑦合规义务的评价结果。

提交给最高管理者的信息的形式,应能使其理解所含信息与已声明的HACCP体系目标之间的关系。

3.评审输出

管理评审输出的决定和措施应与以下方面有关：

①食品安全保证；

②HACCP体系有效性的改进；

③资源需求；

④组织食品安全方针和相关目标的修订。

应保留管理评审结果的记录。

4.持续改进

企业应不断提高HACCP体系的适宜性、充分性和有效性。

最高管理者应确保企业通过沟通、内部审核、管理评审和纠正措施等不断提高HACCP体系的有效性。

▶ 第五节　案例分析

宣酒集团白酒HACCP管理体系建设实践。

一 企业简介

安徽宣酒集团股份有限公司位于安徽省宣城市境内,南倚"江南诗山"——敬亭山,东邻丰饶秀美的水阳江。公司公私合营于1951年,2004年改制为股份制企业。宣酒园区面积1 300余亩,拥有7 600多条固态发酵小窖池,进入中国白酒工业50强。公司成立了江南小窖工艺研究所和博士后工作站。获得了"中国驰名商标""国家地理标志保护产品""纯粮固态发酵白酒标志""国家级绿色工厂""中国小窖酿造领袖品牌"等多项荣誉。是安徽白酒行业率先通过质量、环境、职业健康安全、能源和HACCP体系认证的企业。宣酒小窖酿造工艺已入选非物质文化遗产保护名录,宣酒生产园区被评为国家AAAA级景区。

公司主营产品的代表香型为浓香型白酒和芝麻香型白酒,是全国规模较大、省内最大的芝麻香型白酒生产企业。公司建设质量、环境、职业健康安全、能源和HACCP体系,即"五标一体"的体系建设,通过HACCP管理体系的有效运行,有效运用HACCP七大原理,通过内部严格控制产品质量、外部拓展建设宣酒集团质量安全追溯体系,在行业内独树一帜。

二 建设目标

通过建立质量安全追溯体系,真实、准确、科学、系统地记录生产销售过程的质量安全信息,实现白酒质量安全顺向可追踪、逆向可溯源、风险可管控,发生质量安全问题时产品可召回、原因可查清、责任可追究,切实落实质量安全主体责任,保障白酒质量安全。

三 建设原则

依据规范,建立健全。统一管理,分级负责。运行有效,定期演练。

四 建设内容

1.夯实基础

编发和宣贯《质量安全追溯体系管理制度》,细化和规范质量安全信息记录,建立质量安全追溯体系的核心和基础,包括产品、生产、设备、设施和人员等信息内容。

2.职责考核

明确人员各自职责,包括质量安全管理、技术工艺、生产操作、检验等不同岗位、不同环节的人员,特别是制曲、配料、投料、发酵、蒸馏、原酒贮存、勾调、灌装、检验等关键岗位负责人,切实将职责落实到具体岗位的具体人员,记录履职情况。记录与白酒生产过程相关人员的培训、资质、上岗、编组、在班、健康等情况信息,并与相应的生产信息关联,符合相关规定。

3.过程控制

追溯体系重点监控生产过程信息,记录原辅材料贮存、投料、生产过程控制、产品包装入库及贮存等生产过程质量安全控制信息。主要包括:一是原辅材料入库、贮存、出库、生产使用的相关信息;二是制曲、发酵、蒸馏、勾调、灌装的相关信息;三是自产原酒的入库、贮存、出库、生产使用、销售的相关信息;四是成品酒的入库、贮存、出库、销售的相关信息;五是生产过程检验的相关信息,包括每批产品原始检验数据并保存检验报告。

4.定期演练

结合每月1次食品安全专项检查,以及每年不少于2次"五标一体"化的管理体系内审,开展定期演练,实现PDCA的检查要求,及时分析问题、查找原因、总结经验,特别是潜在食品质量安全风险或发现制度存在不适用、有缺失环节、难追溯的情况,及时采取有效措施,调整完善。公司组织机构、设备设施、生产状况、管理制度等发生变化,应当及时调整追溯信息记录与保存的相应要求,确保追溯体系运行的连续性。

第十章　食品农产品生产许可证

▶ 第一节　食品生产许可证概述

随着《食品安全法》的实施,食品监管机构的整合和转换,新的《食品生产许可管理办法》(国家食品药品监督管理总局令第16号)于2015年10月1日起施行,新的食品生产许可证(SC)取代了原有的食品生产许可证(QS)。发证和监管机构由原来的质监机构更换为食品药品监督机构。

目前,新的食品生产许可证由正本、副本及食品生产许可品种明细三部分组成。

食品生产许可证分为正本、副本,两者具有同等法律效力。食品生产许可证正本载明生产者名称、社会信用代码(个体生产者为身份证号码)、法定代表人(负责人)、住所、生产地址、食品类别、许可证编号、有效期、日常监督管理机构、日常监督管理人员、投诉举报电话、发证机关、签发人、发证日期和二维码。食品生产许可证副本载明食品明细和外设仓库(包括自有和租赁)具体地址。生产保健食品、特殊医学用途配方食品、婴幼儿配方食品的,还应当载明产品注册批准文号或者备案登记号;接受委托生产保健食品的,还应当载明委托企业名称及住所等相关信息。

食品生产许可证编号由SC("生产"的汉语拼音首字母)和14位阿拉伯数字组成。数字从左至右依次为:3位食品类别编码、2位省(自治区、直辖市)代码、2位市(地)代码、2位县(区)代码、4位顺序码、1位校验码。食品生产许可证编码有以下特性:

1.属地性

食品生产许可证编号坚持"属地编码"原则,第4位至第9位数字组合表示获证生产者的具体生产地址所在地县级行政区划代码,涉及两个及以上县级行政区划生产地址的,第8、9位代码可任选一个生产地址所在县级行政区划代码加以标识。

2.唯一性

食品生产许可证编号在全国范围内是唯一的,任何一个从事食品、食品添加剂生产活动的生产者只能拥有一个许可证编号,任何一个许可证编号只能赋给一个生产者。

3.不变性

生产者在从事食品、食品添加剂生产活动存续期间,许可证编号保持不变。

4.永久性

食品生产许可证注销后,该许可证编号不再赋给其他生产者。

▶ 第二节　实行食品生产许可的意义

食品生产许可是食品质量安全市场准入制度的体现。根据食品质量达到安全标准所必须满足的基本要求,从原材料、生产设备、工艺流程、检验设备与能力等多方面制定了严格、具体的要求,只有同时满足这些要求的企业才允许生产食品,检验合格后进入市场。实行食品生产许可证制度在当今食品安全形势严峻的条件下对保障食品安全的意义重大。

1.食品生产企业实施生产许可证制度

凡具备生产条件且能够保证食品质量安全的企业经现场核查后颁发食品生产许可证,准予生产,否则将不准生产食品。这从源头上保证了食品生产企业能生产出质量安全的食品。

2.对企业生产的食品实施强制检验制度

未经检验或检验不合格的食品不准出厂销售,对于不具备自检条件的生产企业强令实行委托检验,这有利于把住产品出厂质量关。

3.对实施生产许可证制度的产品实行市场准入标志制度

对检验合格的食品要加贴SC编号,没有这个标志的食品不准进入市场销售。这样有利于群众和执法部门的识别和监督。

对食品生产企业来说,食品生产许可证是生产食品的前提条件。取得食品生产许可证对食品生产企业具有以下好处:

(1)获得入市资格。取得食品生产许可证是产品进入市场的通行证。

(2)规范食品生产。依照产品良好生产操作规程规范产品的生产过程。

(3)提高产品质量。通过质量体系的建立和有效运行,对产品生产实现全过程质量控制,减少质量波动,减少不合格品,从而有效地保证产品质量,提高产品质量的稳定性。

(4)提高管理水平。规范化管理,对每一项生产活动实施控制。

(5)降低成本。通过管理体系文件的制定,规范每一位员工的行为,科学、合理地运用资源,减少返工,降低成本,进而提高企业的效益。

第三节　申请食品生产许可证范围

到目前为止,所有经过加工的食品且生产地址在国内的产品都必须申请生产许可证,获得食品生产许可证是开办食品生产企业必需的条件。按照2016年发布的《食品生产许可分类目录》,共有32大类食品纳入食品生产许可证(SC)管理,具体产品类别如下:

(1)粮食加工品:小麦粉、大米、挂面、其他粮食加工品〔谷物加工品(分装)、谷物碾磨加工品(分装)、谷物粉类制成品〕;

(2)食用油、油脂及其制品:食用植物油、食用油脂制品〔食用氢化

油、人造奶油(人造黄油)、起酥油、代可可脂]、食用动物油脂(猪油、牛油、羊油);

(3)调味品:酱油、食醋、味精、酱类、调味料产品;

(4)肉制品:热加工熟肉制品、发酵肉制品、预制调理肉制品、腌腊肉制品;

(5)乳制品:液体乳、乳粉、其他乳制品;

(6)饮料:瓶(桶)装饮用水类(饮用天然矿泉水、饮用纯净水、其他饮用水)、碳酸饮料(汽水)类、茶饮料类、果汁及蔬菜汁类、蛋白饮料类、固体饮料类、其他饮料类;

(7)方便食品:方便面、其他方便食品、调味面制品;

(8)饼干;

(9)罐头:畜禽水产罐头、果蔬罐头、其他罐头;

(10)冷冻饮品:冰激凌、雪糕、冰棍、食用冰、甜味冰;

(11)速冻食品:速冻面米食品(生制品、熟制品)、速冻调制食品、速冻其他食品(速冻肉制品、速冻果蔬制品、速冻其他类制品);

(12)薯类和膨化食品:膨化食品、薯类食品;

(13)糖果制品(含巧克力及制品):糖果、巧克力及巧克力制品、代可可脂巧克力及代可可脂巧克力制品、果冻;

(14)茶叶及相关制品:茶叶、边销茶、茶制品、调味茶和代用茶;

(15)酒类:白酒、葡萄酒及果酒、啤酒、黄酒、其他酒;

(16)蔬菜制品:酱腌菜、蔬菜干制品(自然干制蔬菜、热风干燥蔬菜、冷冻干燥蔬菜、蔬菜脆片、蔬菜粉及制品)、食用菌制品(干制食用菌、腌渍食用菌)、其他蔬菜制品;

(17)水果制品:蜜饯、水果制品(水果干制品、果酱);

(18)炒货食品及坚果制品:烘炒类、油炸类、其他类;

(19)蛋制品:再制蛋类、干蛋类、冰蛋类、其他类;

(20)可可及焙烤咖啡产品:可可制品、焙炒咖啡;

(21)食糖:白砂糖、绵白糖、赤砂糖、冰糖、方糖、冰片糖等;

（22）水产制品：非即食类水产品（干制水产品、盐渍水产品、鱼类制品、水生动物油脂及制品、其他水产品）、即食类水产品（水产调味品、生食水产品）；

（23）淀粉及淀粉制品、淀粉糖（葡萄糖、饴糖、麦芽糖、异构化糖等）；

（24）糕点：热加工糕点、冷加工糕点、食品馅料；

（25）豆制品：发酵性豆制品、非发酵性豆制品、其他豆制品；

（26）蜂产品：蜂蜜、蜂王浆（含蜂王浆冻干品）、蜂花粉、蜂产品制品；

（27）保健食品；

（28）特殊医学用途配方食品、特殊医学用途婴儿配方食品；

（29）婴幼儿配方食品：婴幼儿配方乳粉；

（30）婴幼儿谷类辅助食品、婴幼儿罐装辅助食品、其他特殊膳食食品；

（31）其他食品；

（32）食品添加剂、食品用香精、复配食品添加剂。

第四节　申请生产许可证需要满足的条件

食品生产加工企业需要满足一定的硬件和软件条件，才能保证生产出合格的产品。食品生产加工企业申请生产许可证要满足的一般条件如下：

（1）食品生产加工企业应当符合法律、行政法规及国家有关政策规定的企业设立条件，已取得营业执照和企业代码证书（不需办理代码证书的除外）。

（2）食品生产加工企业必须具备保证产品质量安全的环境条件。

（3）食品生产加工企业必须具备保证产品质量安全的生产设备、工艺装备和相关辅助设备，具备与保证产品质量安全相适应的原料处理、加工、储存等厂房或者场所。以辐射加工技术等特殊工艺设备生产食品的,还应当符合计量等有关法规、规章规定的条件。

(4)食品加工工艺流程应当科学、合理,生产加工过程应当严格、规范,防止生物性、化学性、物理性污染以及防止生食品与熟食品,原料与半成品、成品,陈旧食品与新鲜食品等的交叉污染。

(5)食品生产加工企业生产食品所用的原材料、添加剂等应当符合国家有关规定。不得使用非食用性原辅材料加工食品。

(6)食品生产加工企业必须按照有效的产品标准组织生产。食品质量安全必须符合法律法规和相应的强制性标准要求,无强制性标准规定的,应当符合企业明示采用的标准要求。

(7)食品生产加工企业负责人和主要管理人员应当了解与食品质量安全相关的法律法规知识;食品生产加工企业必须具有与食品生产相适应的专业技术人员、熟练技术工人和质量工作人员。从事食品生产加工的人员必须身体健康、无传染性疾病和影响食品质量安全的其他疾病。

(8)食品生产加工企业应当具有与所生产产品相适应的质量检验和计量检测手段。企业应当具备产品出厂检验能力,检验、检测仪器必须经计量检定合格后方可使用。不具备出厂检验能力的企业,委托具有法定资格的检验机构进行委托检验。

(9)食品生产加工企业应当在生产的全过程建立标准体系,实行标准化管理,建立健全企业质量管理体系,实施从原材料采购、产品出厂检验到售后服务全过程的质量管理,建立岗位质量责任制,加强质量考核,严格实施质量否决权。

(10)用于食品包装的材料必须清洁,对食品无污染。食品的包装和标签必须符合相应的规定和要求。裸装食品在其出厂的大包装上能够标注使用标签的,应当予以标注。

(11)储存、运输和装卸食品的容器、包装、工具、设备必须安全,保持清洁,对食品无污染。

(12)符合各类食品审查细则的具体要求。

第五节 企业申请食品生产许可需要准备的材料

根据2015年8月31日国家食品药品监督管理总局发布的《食品生产许可管理办法》的规定,企业申请食品生产许可时,应当先行取得营业执照等合法主体资格,按照《食品生产许可分类目录》中的食品类别向所在地县级以上人民政府食品药品监管部门提出,并提交下列材料:

(1)食品生产许可申请书。

(2)营业执照复印件。

(3)食品生产加工场所及其周围环境平面图和生产加工各功能区间布局平面图;工艺设备布局图、食品生产工艺流程图。

(4)食品生产设备、设施清单。

(5)进货查验记录、生产过程控制、出厂检验记录、食品安全自查、从业人员健康管理、不安全食品召回、食品安全事故处置等保证食品安全的规章制度,申请人委托他人办理食品生产许可申请的,代理人应当提交授权委托书以及代理人的身份证明文件。

申请保健食品、特殊医学用途配方食品、婴幼儿配方食品的生产许可,还应当提交与所生产食品相适应的生产质量管理体系文件以及相关注册和备案文件。食品生产许可申请书包含内容如下:申请人陈述;申请人基本条件和申请生产食品情况表;申请人治理结构;申请人生产加工场所有关情况;申请人有权使用的主要生产设备设施一览表;申请人有权使用的主要检测仪器设备一览表;申请人具有的主要管理人员和技术人员一览表;申请人各项质量安全管理制度清单及其文本以上所要求提供的材料,除了按照企业实际情况填写规定的表格外,企业要根据本企业实际运作编写企业质量管理文件和各项质量安全管理制度。这是申报材料的重点,也是资料审查的重点。

▶ 第六节　食品生产许可证的申请流程

1.申请阶段

从事食品生产加工的企业(含个体经营者),应按规定程序获取生产许可证。新建和新转产的食品企业,应当及时向食品药品监督部门申请食品生产许可证。省级、市(地)级食品药品监督部门在接到企业申请材料后,在5个工作日内组成审查组,完成对申请书和资料等文件的审查。企业申请材料符合要求后,发给《食品生产许可证受理通知书》;企业申报材料不符合要求的,企业从接到食品药品监督部门的通知起,在5个工作日内补正,逾期未补正的,视为撤回申请。

许可机关决定不予受理的,出具《不予受理决定书》,并说明理由。申请人享有申请行政复议或提起行政诉讼的权利。

2.审查和发证阶段

企业的书面材料合格后,按照食品生产许可证审查规则,在20个工作日内对需要进行核实的申请事项做出许可或者不予许可决定。企业要接受审查组对企业必备条件和出厂检验能力的现场核查。现场核查合格的企业,由审查组现场抽封样品。现场核查应当自接到核查任务之日起10个工作日内完成。

符合发证条件的企业,食品药品监督管理部门在10个工作日内审核批准。食品生产许可证的有效期为5年。

申请食品添加剂生产许可符合条件的,由申请人所在地县级以上地方食品药品监督管理部门依法颁发食品生产许可证,并标注食品添加剂。

食品生产者应当在生产场所的显著位置悬挂或者摆放食品生产许可证正本。

▶ 第七节　食品生产许可证的其他事项

1.延续

在食品生产许可证有效期满前30日内,企业应向做出行政许可决定的行政机关提出换证申请。申请换证企业除了不需要提供产品检验合格证明材料外,需提交资料和初次申请要求提供的材料一致。

2.变更

现有工艺设备布局和工艺流程、主要生产设备设施、食品类别等事项发生变化,需要变更食品生产许可证载明的许可事项的,食品生产者应当在变化后10个工作日内向原发证的食品药品监督管理部门提出变更申请。

生产场所迁出原发证的食品药品监督管理部门管辖范围的,应当重新申请食品生产许可。

食品生产许可证副本载明的同一食品类别内的事项、外设仓库地址发生变化的,食品生产者应当在变化后10个工作日内向原发证的食品药品监督管理部门报告。

申请变更食品生产许可的,应当提交下列申请材料:

(1)食品生产许可变更申请书;

(2)食品生产许可证正本、副本;

(3)与变更食品生产许可事项有关的其他材料。

3.补办

食品生产许可证遗失、损坏的,应当向原发证的食品药品监督管理部门申请补办。食品生产许可证补领申请资料如下:

(1)食品生产许可证补办申请书。

(2)食品生产许可证遗失的,申请人应当在县级以上地方食品药品监督管理部门网站或其他县级以上主要媒体上刊登遗失公告;食品生产许可证损坏的,应当提交损坏的食品生产许可证原件。

4.注销

食品生产者终止食品生产,食品生产许可被撤回、撤销或者食品生产许可证被吊销的,应当在30个工作日内向原发证的食品药品监督管理部门申请办理注销手续。注销申请资料如下:

(1)食品生产许可注销申请书;

(2)食品生产许可证正本、副本;

(3)与注销食品生产许可有关的其他材料。

有以下情形,原发证的食品药品监督管理部门应当依法办理食品生产许可注销手续:

(1)食品生产许可有效期届满未申请延续的;

(2)食品生产者主体资格依法终止的;

(3)食品生产许可依法被撤回、撤销或者食品生产许可证依法被吊销的;

(4)因不可抗力导致食品生产许可事项无法实施的;

(5)法律法规规定的应当注销食品生产许可的其他情形。

食品生产许可被注销的,许可证编号不得再次使用。

▶ 第八节　食品生产许可审查

《食品生产许可审查通则》规定,食品生产许可审查主要包括申请材料审查和现场核查。

1.食品生产许可材料审查

材料审查主要是对申请人提交的申请材料的完整性、规范性、符合性进行审查。完整性是指申请人按照《食品生产许可管理办法》等要求提交相应材料的种类齐全、内容完整、份数符合地方管理部门规定。规范性是指申请人填写的内容、格式符合国家规定的内容。格式要求符合

性审查是审查申请材料中的有关内容如身份证、营业执照等与原件是否保持一致。

《食品生产许可审查通则》规定,申请书应当使用钢笔、签字笔填写或打印,字迹应当清晰、工整,修改处应当签名并加盖申请人公章;申请人名称、法定代表人或负责人、社会信用代码或营业执照注册号、住所等填写内容应当与营业执照一致,所申请生产许可的食品类别应当在营业执照载明的经营范围内,且营业执照在有效期限内。申请许可证产品的类别编号、类别名称及品种明细应当按照《食品生产许可分类目录》填写。

审查申请资料主要内容如下:

(1)审查食品安全管理制度。审查组依据法律法规规定,审查申请人制定的组织生产食品的各项质量安全管理制度是否完备,文本内容是否符合要求。

(2)审查岗位责任制度。审查申请人制定的专业技术人员、管理人员岗位分工是否与生产相适应,岗位职责文本内容、说明等对相关人员专业、经历等要求是否明确。

(3)必要时审查申请材料可以与现场核查结合进行。

2.实施现场核查的内容

现场核查主要是对申请材料与实际状况的一致性、合规性进行核查。一致性主要指申请人提交的材料与现场一致。合规性主要指生产场所、设备设施、设备布局与工艺流程、人员管理、管理制度及其执行情况,以及按规定需要查验的试制产品检验合格报告符合有关规定和要求。

由食品药品监督管理机关委派审核人员对食品生产企业进行核查,一般核查的时间为1天,按照现场核查评分表,对照企业的实际情况进行评价。现场核查主要核查申请人生产现场实际具备的条件与申请材料的一致性,以及与申请生产的食品相关的卫生规范、条件及审查细则要求的合规性。

核查组织部门根据申请生产食品品种类别和审查工作量,确定核查组长、成员及观察员。新修订的《食品生产许可审查通则》中增加了食品安全监管部门委派监管人员作为观察员参与现场核查工作的规定。目前,核查人员可能不是各级食品安全监管部门的监管人员,因此有必要派观察员参与现场核查工作,以便于了解和掌握申请人的基本情况和核查情况,为日后对获证企业监管提供支持。同时,观察员参与现场核查,也是对现场核查实行监控、规范核查工作、提高核查质量、降低核查风险的重要手段。

核查组拟定开展核查的时间,熟悉需要核查的申请材料,与申请人沟通,形成核查计划,报告审查组织部门确定。核查组织部门通知申请人,告知需要配合的事项。

现场核查的内容如下:

(1)在生产场所方面,核查申请人提交的材料内容是否与现场一致,其生产场所周边和厂区环境、布局和各功能区划分、厂房及生产车间相关材质等是否符合有关规定和要求。

(2)在设备设施方面,核查申请人提交的生产设备设施清单内容是否与现场一致,生产设备设施材质、性能等是否符合规定并满足生产需要;申请人自行对原辅料及出厂产品进行检验的,是否具备审查细则规定的检验设备设施,性能和精度是否满足检验需要。

(3)在设备布局与工艺流程方面,核查申请人提交的设备布局图和工艺流程图是否与现场一致,设备布局、工艺流程是否符合规定要求,并能防止交叉污染。实施复配食品添加剂现场核查时,核查组应当依据有关规定,根据复配食品添加剂品种特点,核查复配食品添加剂配方组成、有害物质及致病菌是否符合食品安全国家标准。

(4)在人员管理方面,核查申请人是否配备申请材料所列明的食品安全管理人员及专业技术人员;是否建立生产相关岗位的培训及从业人员健康管理制度;从事接触直接入口的食品生产的工作人员是否取得健康证明。

(5)在管理制度方面,核查申请人的进货查验记录、生产过程控制、出厂检验记录、食品安全自查、不安全食品召回、不合格品管理、食品安全事故处置及审查细则规定的其他保证食品安全的管理制度是否齐全,内容是否符合法律法规等相关规定。

(6)在试制产品检验合格报告方面,根据食品、食品添加剂所执行的食品安全标准和产品标准及细则规定,核查试制食品检验项目和结果是否符合标准及相关规定的食品生产许可现场核查项目、核查内容、评分标准。食品生产企业可以对照此表进行自查,以找出企业的不足,提前做好准备。

▶ 第九节　企业核查整改的一般要求

企业对现场核查整改是对现场核查发现的不符合项的改正,是完成生产许可证申请的闭环工作。企业对不符合项的整改要高度重视,及时完成整改,并提供整改的证明材料。整改的注意事项如下:

(1)根据基本符合项条款顺序,逐条整改。

(2)每条整改后要附上证明材料。

(3)证明材料要能证明企业整改已达到要求。其中,文字材料附上"更改前文字""更改后文字",图片材料应附上"整改前图片""整改后图片",以形成对照。作为整改证据的整改现场照片每一张图片中都要有区域标识和完整实物,标识不得与实物分离。

(4)有完整的整改总结报告。

附　　录

附录1　食品链中各种食品农产品认证对象

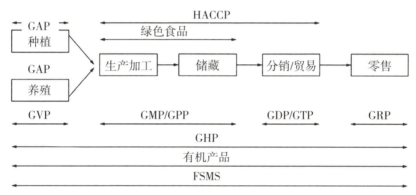

注:GAP—良好农业规范;HACCP—危害分析与关键控制点;GVP—良好兽医操作规范;GMP—良好操作规范;GPP—良好生产规范;GDP—良好分销规范;GTP—良好贸易规范;GRP—良好零售规范;GHP—良好卫生规范;FSMS—食品安全管理体系。

附录2　认证标志清单

序号	认证名称	认证标志
1	有机产品	
2	绿色食品	
3	GAP认证一级	
4	GAP认证二级	
5	HACCP认证	

序号	认证名称	认证标志
6	三同认证标识	
7	BRCGS 认证	
8	IFS 认证	
9	FSSC 22000 认证	
10	SQF 认证	
11	MSC 认证	

附录3 资源链接

序号	名称	网址
1	ISO在线浏览平台	www.iso.org/obp
2	国际标准化组织	www.iso.org
3	国际食品法典委员会	www.fao.org
4	国家标准化管理委员会标准公开查询	openstd.samr.gov.cn/bzgk/gb
5	国家标准全文公开系统	www.gb688.cn/bzgk/gb/index
6	国家企业信用信息公示系统	www.gsxt.gov.cn
7	国家认证认可监督管理委员会	www.cnca.gov.cn
8	国家市场监督管理总局	www.samr.gov.cn
9	全国认证认可信息公共服务平台	cx.cnca.cn
10	中国标准在线服务网	www.spc.org.cn/basicsearch
11	中国合格评定国家认可委员会	www.cnas.org.cn
12	中国绿色食品发展中心	www.greenfood.org.cn
13	中国认证认可协会	www.ccaa.org.cn
14	中国食品农产品认证信息系统	food.cnca.cn